■熨斗と牡丹柄のインテリア■

刺し子で遊ぶ

銀座 亜紀枝著

二熨斗の間仕切り 168㎝×86㎝
作り方/38〜40ページ

タピストリー兼
ベッドカバー二種

花柄熨斗・宴（はながらのし・うたげ） 196㎝×192㎝

熨斗の中にいろいろな花と代表的な幾何柄をはめました。

周りは、宴になる祝いのモチーフを散らしてあります。

作り方/41～43ページ

本書では、この様な大柄を実物大型紙ではなく、部分拡大で一コマずつ写して、作れる方法を随所に紹介しています。

麻の葉柄熨斗・宴 196㎝×192㎝

熨斗の中は全て麻の葉で、9種類の柄を刺してあります。

中心の熨斗は前ページの“花柄熨斗宴”（上から下がる熨斗）と一対になります。周りの扇、鼓、牡丹、鳳凰、桜の花びらなどのモチーフは、それぞれ違えてあります。柄ごとにいろいろなシーンに応用できます。

作り方/44〜46ページ

右上の牡丹は8、9ページの炬燵掛けにも取り入れています。

空熨斗に
牡丹の暖簾
154cm×94cm
作り方/50、51ページ

空熨斗乱舞暖簾 149cm×88cm
作り方/52、53ページ

これらの三作品は、冒頭の『タピストリー兼ベッドカバー二種』の中の一部の柄を応用したものです。

鳳凰の暖簾 127cm×88cm
珍しい水中に居る鳳凰の柄です。
作り方/88ページ

牡丹と囲（かこい）柄の炬燵掛け 193㎝×192㎝

この美しい牡丹柄は、5ページ右上の
ものを応用して四方につけました。

作り方/54、55ページ

蝶と獅子の座布団カバー

牡丹、蝶、獅子の関連で一対としました。

作り方/56ページ　60㎝×55㎝

熨斗中心の風呂敷

四方に同じ調子の別柄を、
リズムよく配置するのに苦心しました。

作り方/59ページ　94㎝×94㎝

風呂敷二種

牡丹唐草の風呂敷 110cm×110cm

　艶やかな唐草牡丹。
確かに古典柄に原型はありますが、正方形の中に収まるように、デザインしてみました。

作り方/60、61ページ

牡丹唐草と熨斗の
テーブルクロスとランチョンマット

テーブルクロス・114㎝×174㎝
ランチョンマット・35㎝×42㎝

古典柄を探しているうちに、それがヒントで快心のデザインが生まれました。

ランチョンマットは同じ熨斗柄ですが、散らす位置で、変わった表情がみられます。

作り方/47〜49ページ

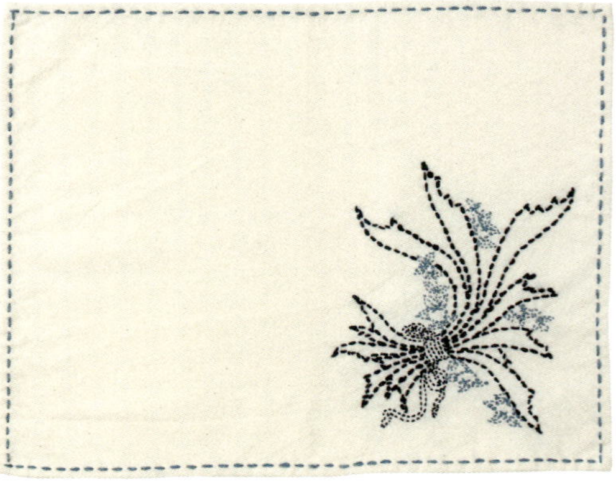

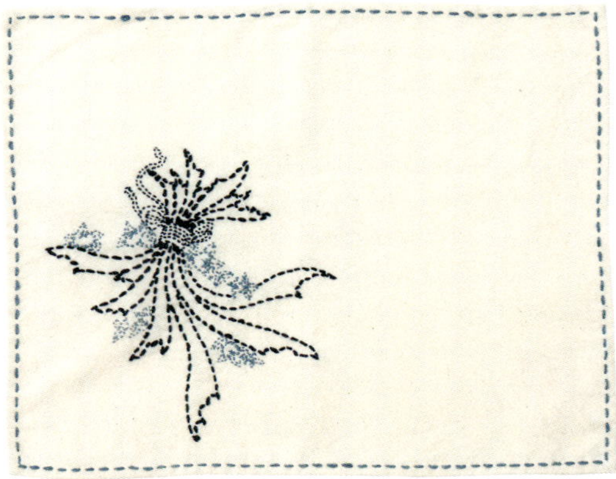
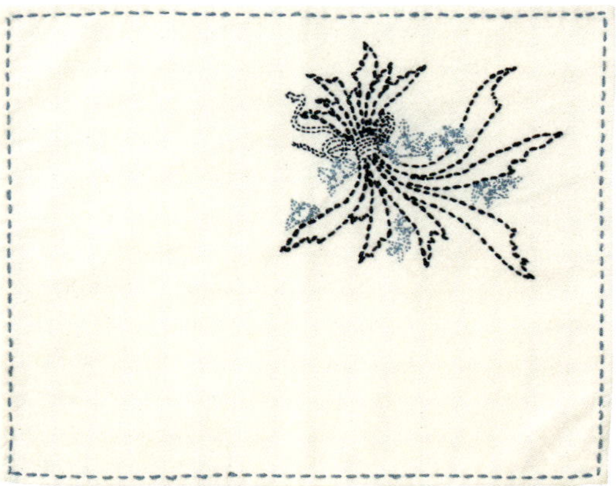

牡丹唐草の掛け物

137㎝×36.5㎝

牡丹と唐草をアレンジして、ダイナミックな牡丹唐草が生まれました。
センターテーブルの敷物として使っても、趣が感じられます。

作り方/62、63ページ

右と同じデザインで、草木染めの紫糸と紫の縁で作ってみました。

三つ花競艶タピストリー

105.5㎝×71㎝

三色の草木染めの地に、それぞれの花を菱形に一輪ずつ配しました。
　牡丹は光琳、菊は家紋よりアレンジし、桜はオリジナルデザインで、各々に葉をつけてみました。
　縁は、プリントの遊び渦巻柄地を刺しました。

作り方/64、65ページ

ペアのベッドカバー

熨斗に紗綾形 203㎝×141.5㎝

縁はプリントした紗綾形地を刺しました。

作り方/66～68ページ

牡丹唐草 203㎝×141.5㎝

縁はプリントした、角キリバメ地を刺しました。
色糸は全て草木染めです。

作り方/69～71ページ

生成糸一色刺し

テーブルセンター二種

長牡丹のテーブルセンター　45cm×109cm

長熨斗のテーブルセンター　45cm×117cm

作り方/57、58ページ

床の間の掛け軸

I ぼかし麻に熨斗 192㎝×49㎝
II 風車に松川菊 192㎝×49㎝

　熨斗柄以外はプリント布を刺しただけです。
テーブルセンターやストールとしても使えます。
作り方/72、73ページ

折って模様をつける布きん7柄

35cm×46cm

布きんも全てオリジナル織り布で。

作り方/74ページ

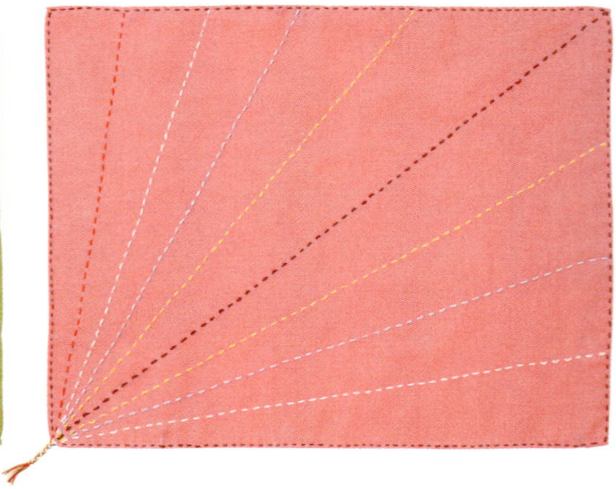

ランチョンマット鱗文（うろこもん） 32㎝×45㎝

鱗の組み合わせで柄違いの5枚セットを・・・。

作り方/75ページ

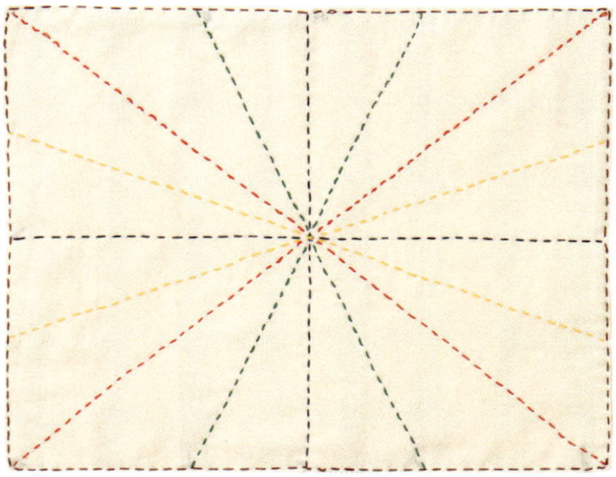

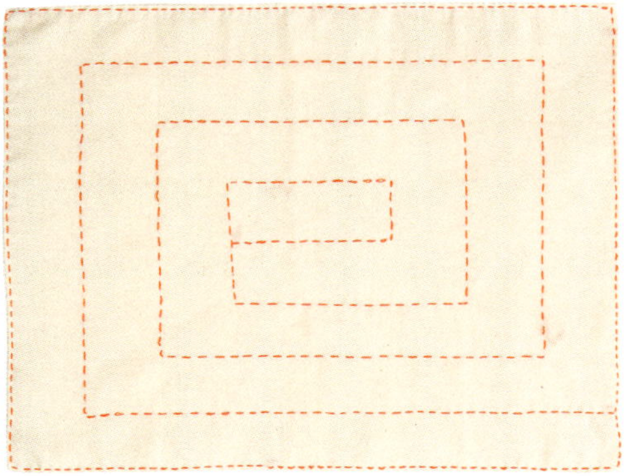

ボンボンつきテーブルランナー

Iの裏

IIの裏

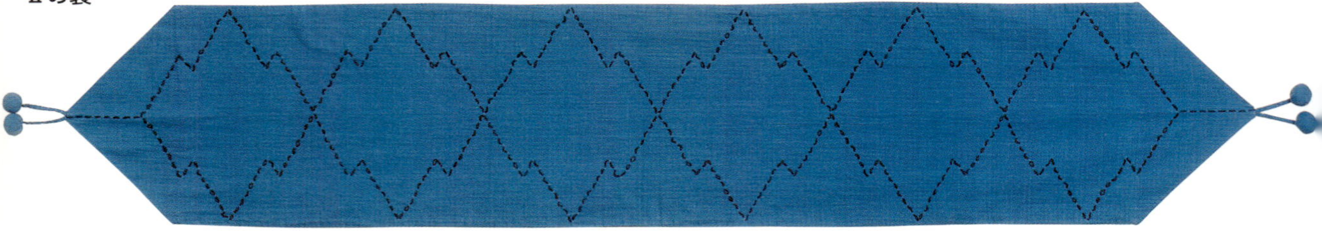

I 遊び格子と II 遊び渦巻柄のテーブルランナー 各30㎝×156㎝

リバーシブルのボンボンつきテーブルランナーで、それぞれプリント布を使用しています。Iの裏は筋刺し、IIの裏は松川菱を刺しています。

作り方/76、77ページ

風船の針刺し

バラの花形針刺し

麻の葉形針刺し

直径7㎝の丸形3点

風車の針刺し

けしの花の針刺し

花のエプロンつき針刺し

直径6.5㎝の丸形3点

丸形針刺し六種

草木染めの端ぎれと糸で作ると、こんなにも深い色合いの針刺しになります。

作り方/78、79ページ

楽しい
アクセサリー

楽しく端ぎれで作れるお洒落なアクセサリーです。

端ぎれをバイアスにカット
して作るネックレス三種

作り方/82ページ

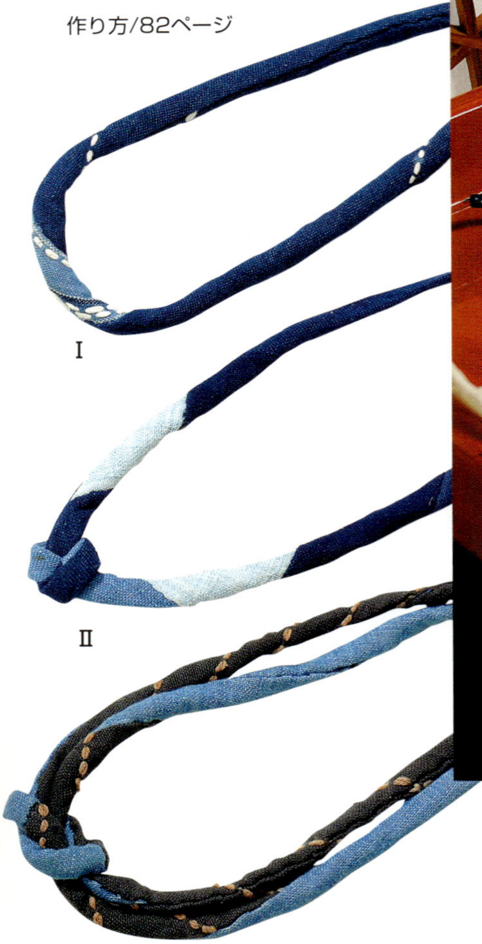

I

II

III

真っ直ぐの
細ぎれで作る
ネックレス二種

作り方/83ページ

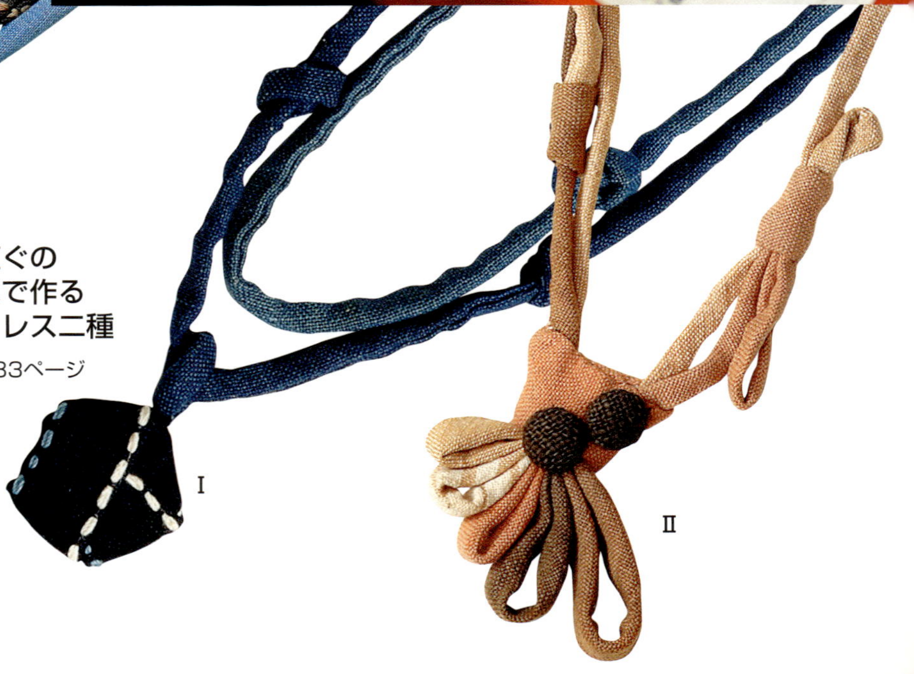

I

II

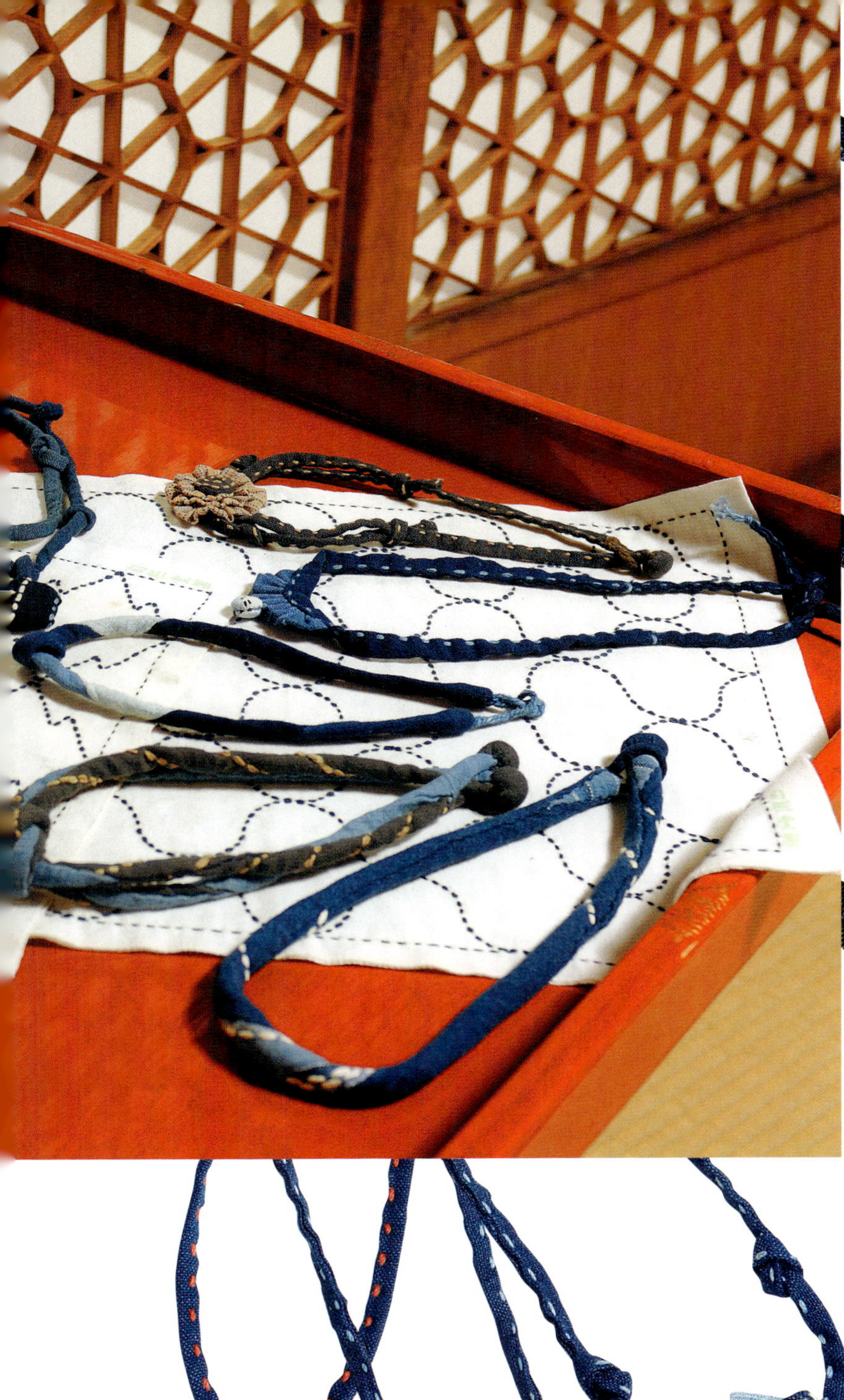

縮めた布の
チョーカー二種

作り方/81ページ

I

II

ワンポイントの
ペンダント三種

作り方/80ページ

III

I

II

小花刺しのショルダーバッグ

縦30㎝×横30㎝×まち6㎝

縦、右斜め、左斜めへと一針1cmで運針のように縫って(刺す)いくだけで、素敵な小花の模様が生まれました。

青海波と斜めの方眼がプリントされている32cm幅の布で、刺し終わった後に洗って、仕立てます。

作り方　86、87ページ

あじさい刺しのマフラー　94㎝×17㎝

あじさい刺しは28年前、オリジナルデザインとして発表しました。大変人気があり、今や古典柄と間違えられることも度々あります。

布地に方眼がプリントしてあるので、やさしく刺せます。

作り方　84、85ページ

後ろ側

刺し子の楽しみ〈参考作品〉

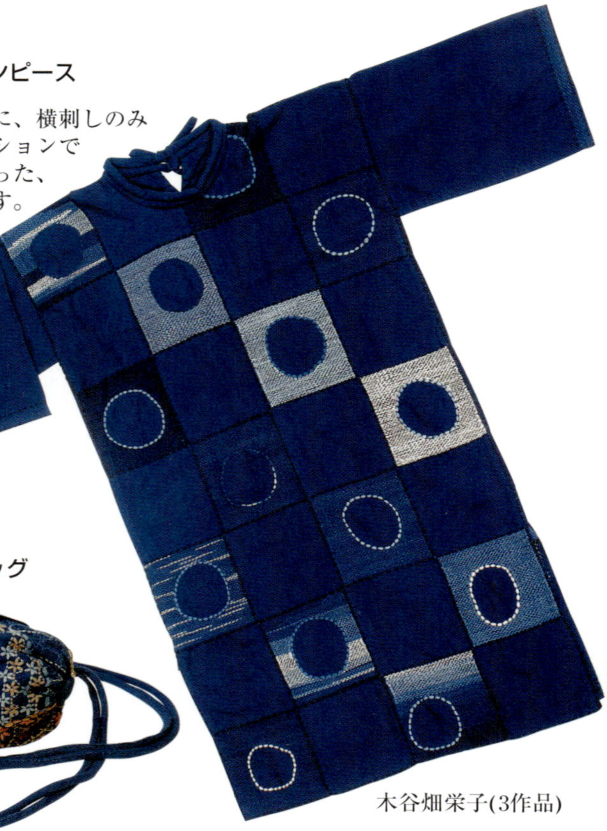

創作柄のワンピース

四角の中に、横刺しのみのグラデーションで丸形を形取った、斬新な柄です。

ショルダーバッグ

木谷畑栄子(3作品)

創作柄のワンピース

「舞木の葉」と「一針刺し」の分銅型を二重にした、大胆な構図です。

一針刺しの総柄ワンピース

方眼のプリント布で、心をこめた作品です。

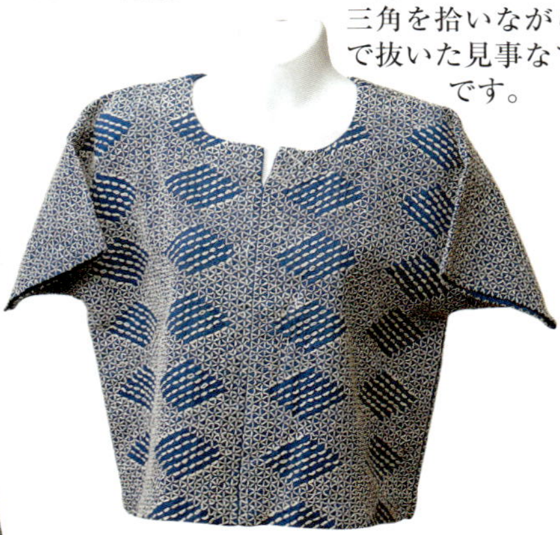

一針刺しの総柄ブラウス

方眼のプリント布で、三角を拾いながら、菱形で抜いた見事なアレンジです。

手提げバッグ

総刺しのワンピース

麻の葉のプリント布で、亀甲形の中に麻を残してあります。

遠藤加代子(4作品)

ブラウス　中村安子
ぐし刺しの中をくぐり刺しをして。

手提げとボトル入れ　紫の手紡ぎ風布地で、爽やで優美な千鳥柄の手提げとお洒落なボトル入れでお出掛け。　大塚勢津子(3作品)

リバーシブルのチョッキ　三浦千恵子
庭のてっせんをデザインして。

チョッキ
麻の葉のプリント布で、三角に抜いて。

ショルダーバッグ
方眼のプリント布で。

森　静子
(2作品)

手提げバッグ
方眼のプリント布で人気のあじさい刺し。

今井恵子

タピストリー　中村礼子
家族の顔が揃って…、
縁は斜眼の布地で小花刺しです。

半　纏　黒沼克之
地色で一面刺した上を、さらに刺して。

ジャケット　髙橋郁代
渦巻のプリント布を抜き刺しにして。

ジャケット
吉本一恵

〈基本型〉刺し子パターン集 本文89ページ／製図法参照

基本型は12柄あり、藍染布と布きんの生成地と色物のプリント布地があります。下絵は洗えば消えます。（約幅37cm×長さ48cm）

〈刺し順見本〉
それぞれの色糸の通りに刺していくと、
柄が完成します。試してみてください。

1. 七　宝

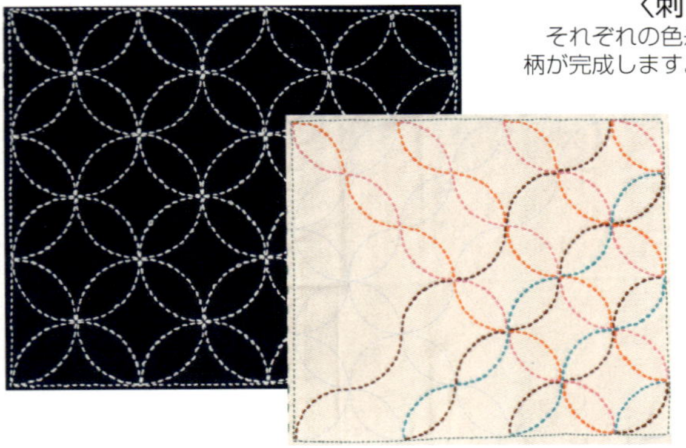

2. 青海波

3. 花　文

4. 十字つなぎ

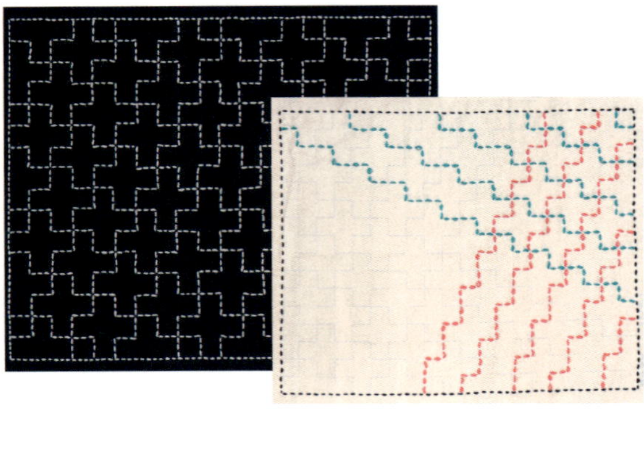

5. 松川菱

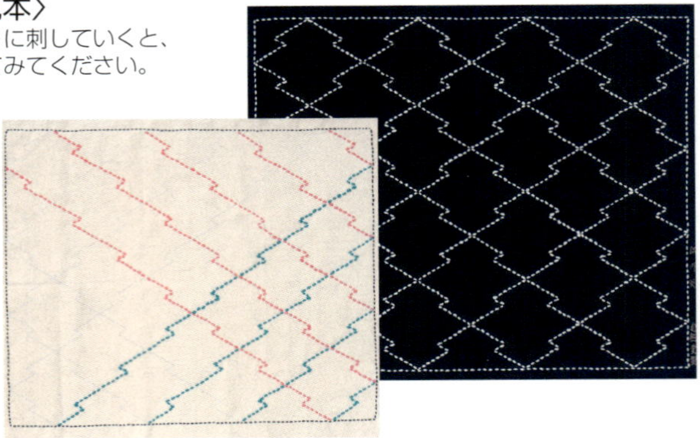

6. かごめ

7. 分　銅

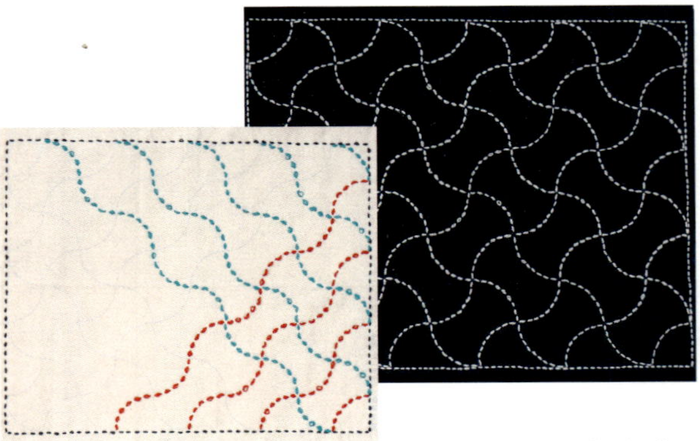

8. 四枚花びら

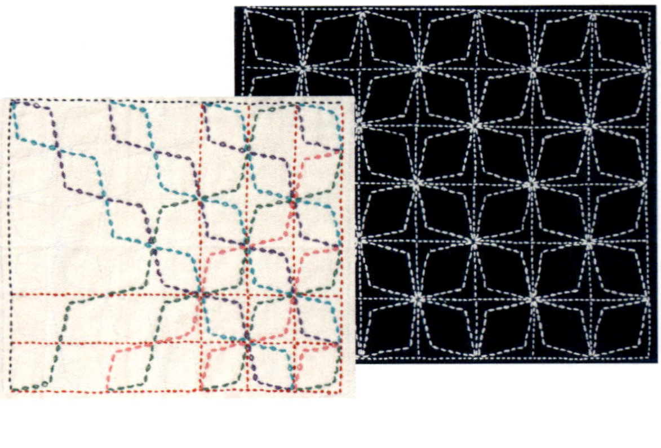

〈刺し順見本〉

9．紗綾形

10．麻

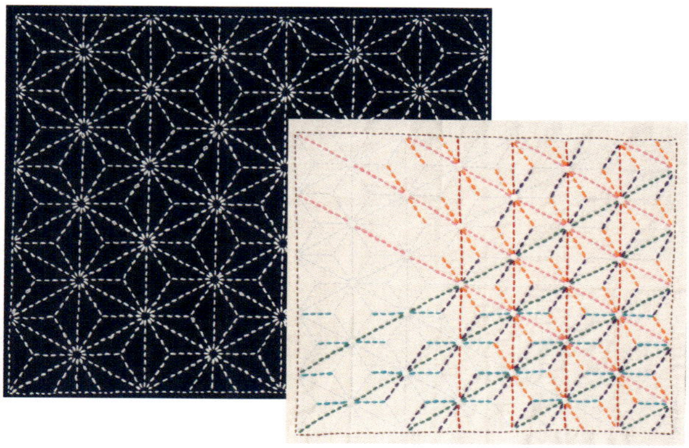

11．立　湧

12．あ　み

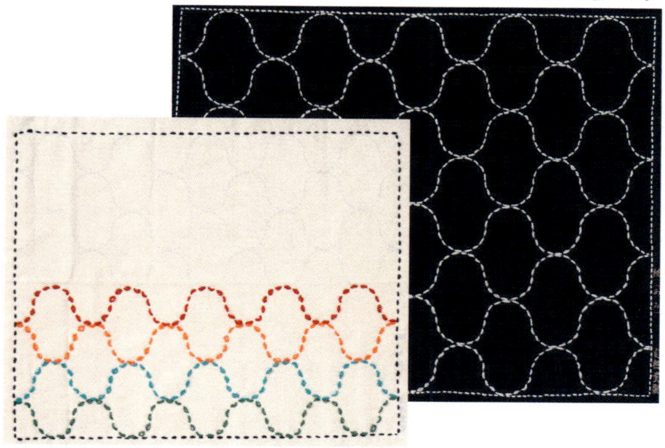

〈応用型〉

応用型として、左右にある12柄も藍染布と布きんの生成地、色物のプリント布地があります。下絵はいずれも洗えば消えます。（約幅37㎝×長さ43㎝）

1．べったり刺し

2．七宝とかごめ

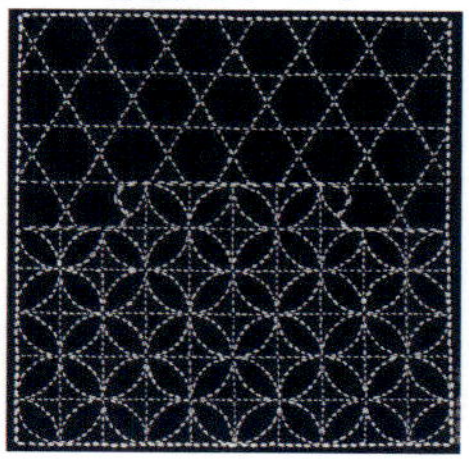

3．舞木の葉

4．麻の葉

5．桜

6．変わり斜紗綾形

7．星七宝に花菱

8．九柄の組

9．梅

10．組毘沙門

11．毘沙門亀甲に扇

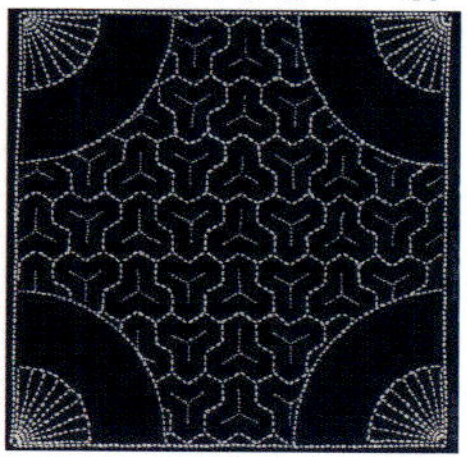

12．折鶴に雲

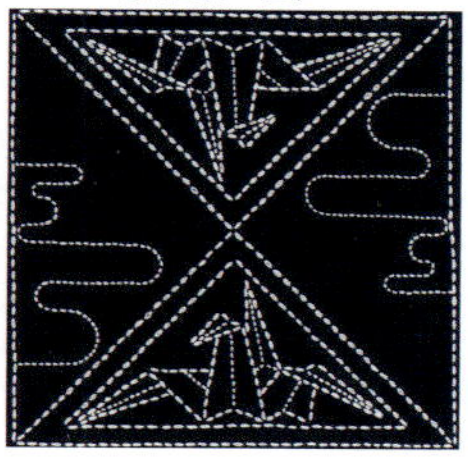

刺し子の材料《(株) 自然堂調べ》

＜洗えば消える刺し子柄＞

●並幅の厚地・薄地（37cm×11m70cmくらい）

大麻　小麻　紗綾形

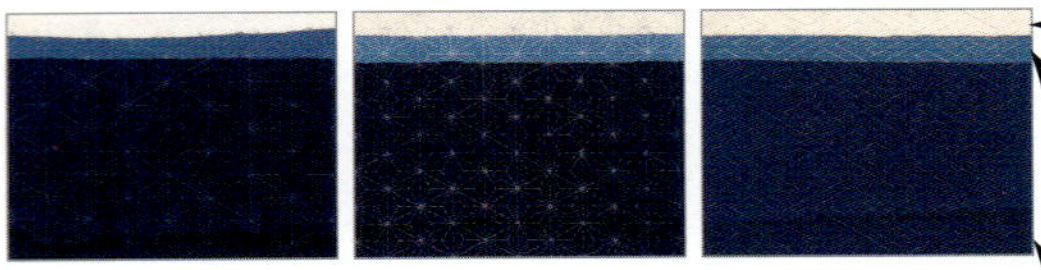

花柄　きりばめ　角きりばめ

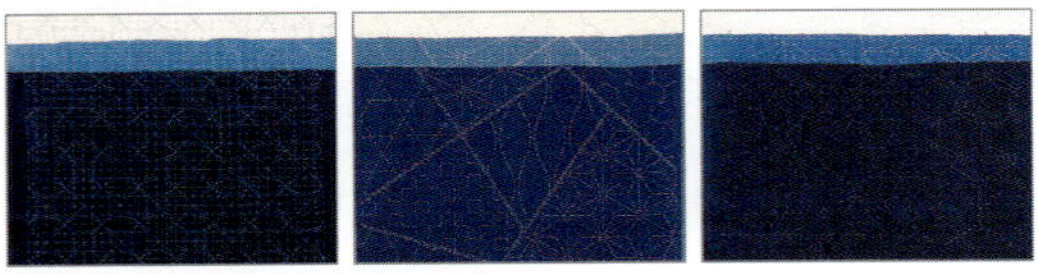

●のれん幅の厚地

ぼかし麻
（45cm×90cmくらい）

松川菱十二柄　風車と松皮菊
（45cm×45cmくらい）

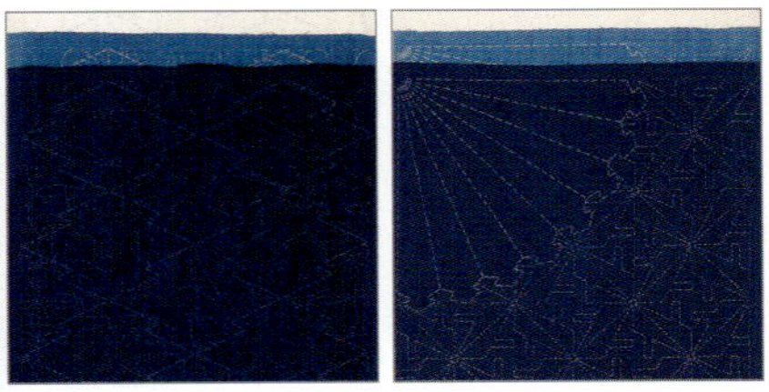

方眼柄　斜眼柄
（45cm×9m40cmくらい）

小袋　ティッシュ入れ　コースター
（45cm×45cmくらい）

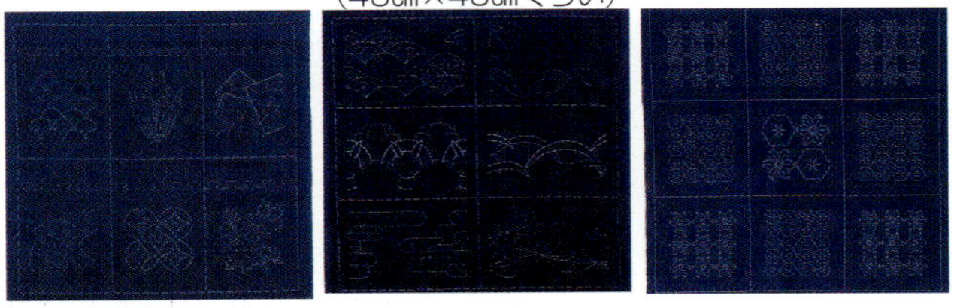

●洋服幅の厚地（32cm×11m70cmくらい）

遊び渦巻　七宝方眼　遊び格子に一針刺し　青海波斜眼

＜本藍染・草木染の木綿地＞

●並幅（37cm×11m70cmくらい）《無地は実物大布目です》

色名
生成
薄浅葱
納戸色
紫色

薄地

※この他に洋服幅(32cm)のれん幅(45cm)の無地で、厚地・薄地も各5、6色あります。

厚地　極厚地

縞・格子(厚地)

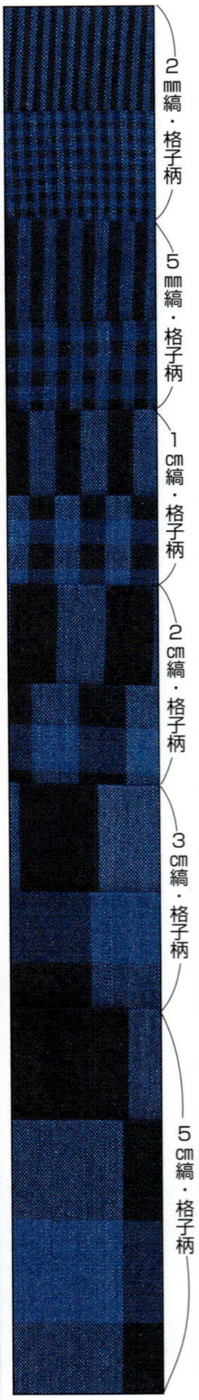
2mm縞・格子柄
5mm縞・格子柄
1cm縞・格子柄
2cm縞・格子柄
3cm縞・格子柄
5cm縞・格子柄

針セット

＜刺し子糸＞（10番4本どり）

かせ糸（200m巻）
※右カード糸と同じ色数があります

カード糸(40m巻)

草木染13色

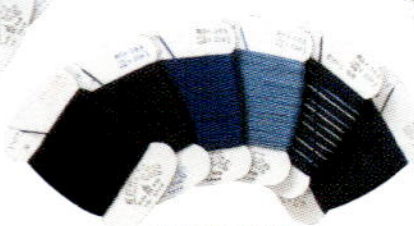

藍染6色

布きん布(24柄)と糸(12色)

はじめに

本書にかかわって三年目、やっと出版の運びとなりました。
「熨斗と牡丹」を主テーマに思いつきましたのは、その少し前に“手縫い仕立ての刺し子”というタイトルで、各地のカルチャーセンターに刺し子教室を次々とレギュラー展開している中で、この「熨斗と牡丹」をテーマに取り上げたところ、大変好評だったこともあり、いずれ本にしたいと思い続けて今日に至ったのです。幸いにも、今までインテリア専門の本は出版していないし、また刺し子界では本書に出ているような大作の発表はあまり見かけませんでしたので、私が本気で取り組んでみようと思ったのです。実物の図案が巻末に折り込まれている本が一般的ですが、取り上げる作品にも制限があり、それを広げて写すのにも大きな場所が必要で大変です。今回、拡大倍率や必要用紙なども詳細に記載のうえ、小作品から大作まで縮小図案を随所に取り入れました。特に大作には画期的な分割拡大法を考案いたしました。
現在パッチワークなどではベッドカバーとか大作品が多いですが、刺し子でも“観せる刺し子”は同様にできます。熨斗と牡丹は日本の伝統柄の中でも格別に愛されるものです。それを踏まえて牡丹の艶やかさ、熨斗の雄大さをいろいろ私流にアレンジしてみました。また、鑑賞するほかに実用性という面からも皆様のお役に立てるよう考えました。
最後にマコー社の編集諸姉により、私の意とすることを全面的に取り上げていただき世に問える刺し子の本に仕上がったと自負いたします。マコー社二冊目の出版で、それも併せ改めて感謝いたします。

銀座亜紀枝

刺し子 基礎の知識

◆刺し子の知識

刺し子に最も適するのは、やはり木綿です。手ごろで洗濯にも永く耐えられます。布・糸とも木綿で天然の染料で染め、直線裁ちの手縫い仕立てであることが、真の意味で理想的な刺し子であると思います。私の提唱する手縫い仕立ての刺し子を存分に楽しんでください。このような材料と姿勢で作れば、たとえ上手くなくても“味”に見えてくることでしょう。

[刺し子の道具]

①**B４方眼紙** 作図に用います。
②**B４斜眼紙** 方眼紙と同様、作図に用います。
③**５０cm物差し** 竹製で用意します。
④**２０cm物差し** 節の無いものがよいでしょう。
⑤**糸切りばさみ** 先のよく切れるものが適当です。
⑥**裁ちばさみ** 刃わたり11cm、全長25cmくらいのものがよいでしょう。
⑦**３色チャコペン** 標(しるし)つけに、布と反対色で使えるので便利です。
⑧**ホック** １２～１４㎜程度が必要です。
⑨**へら** 柄(え)のある程度太いしっかり握れるものがよいでしょう。
⑩**トレーサー** トレーサーは、両端が鉄筆とプラスチックで細くなって、細線と太線が使い分けられます。
⑪**くるみボタン** 直径１２、１５、１８、２４、３０、３５、４０㎜あたりが必要です。
⑫**針山** 常備品です。
⑬**刺し子針セット** 長短ありますが、おもに長針を使用します。(セットは自然堂製)
⑭**待ち針** 洋ピンが短くて使いやすいです。
⑮**長針用指ぬき** 下図のように、右手中指にはめて使用します。
⑯**５色チャコペーパー** トレーサーを用いて柄を写し取るときに使用します。各色は布地の色によって使い分けます。

[手縫いの基本]

手縫いで仕立てた物の優しさ、暖かさは格別の風合いです。刺し子の作品はすべてに手縫いをおすすめします。

（１）針の持ち方

針は長針を使います。長針は縫目が手の中にたくさんたまって縫うのにはかどります。

①長針用指ぬき

②長針の持ち方

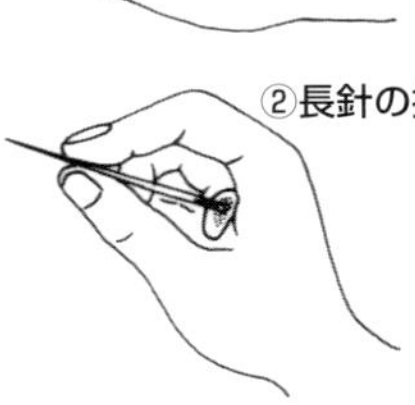

（２）糸の長さの決め方

どの仕立ても身丈くらいの長さまでは、現物を測った長さに、プラスゆるみを少々加えて切り、針に通します。その場合、途中で半返しとか、始めや終わりに引き返し縫いが加わるときは、その分余計に必要です。よく“長糸の短気”と言いますが、長い糸で一挙に早く縫ってしまおうとすると、糸がもつれ、短い糸でつなぎながら縫うより遅いこともあります。糸の長さは布丈と自分のペースに合わせ、ほどよく切ります。

（３）糸の結び方

★玉結び（玉止めともいう／縫いの始めと終わり）

糸端を人差し指で一回巻いて親指の方向によりをかけます。

人差し指で1回巻く
指の中で よりをかける
玉止めの でき上がり

[刺し子針セット] ①まつり糸・布きん糸用長針 ②刺し子糸用短針 ③刺し子糸用長針（①、②1～2本どり用、③1、2、4本どり用）

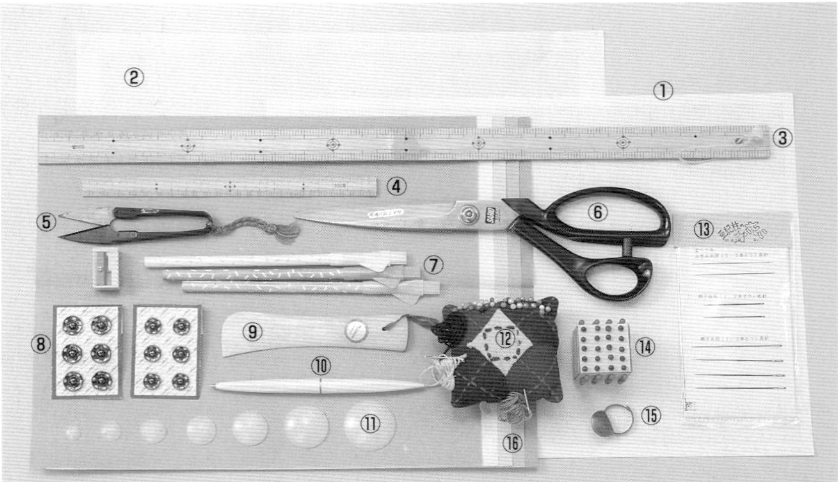

[用具] ①B4方眼紙 ②B4斜眼紙 ③50cm物差し ④20cm物差し ⑤糸切りばさみ ⑥裁ちばさみ ⑦3色チャコペン ⑧ホック ⑨へら ⑩トレーサー ⑪くるみボタン ⑫針山 ⑬刺し子針セット ⑭待ち針 ⑮長針用指ぬき ⑯5色チャコペーパー

（4）運針の仕方

針の頭を指ぬきに当て、左手で布を持って右手の親指と人差し指を交互に動かす（図①）。縫いだまりができて針目がたまったら、図②のように針先を左手の指先で押さえて右手で右方（後方）へしごき、針は引き抜かないでそのまま図①の動作を繰り返します。糸が終わるか、目的まで縫うか、長く縫ったりしたときは、針を抜いてしごき（糸こき）ます。

①運　針

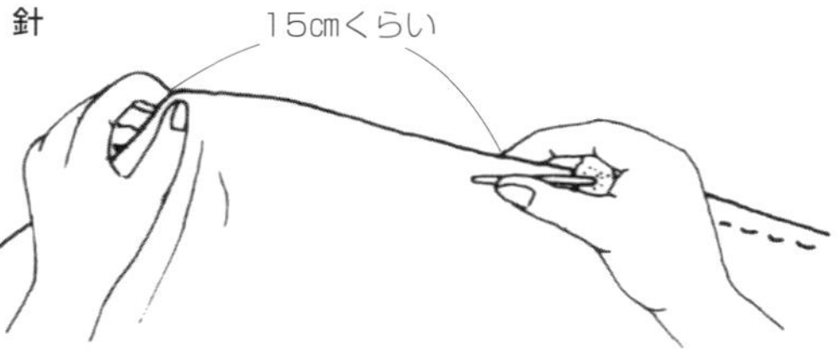
15cmくらい

②糸をしごく

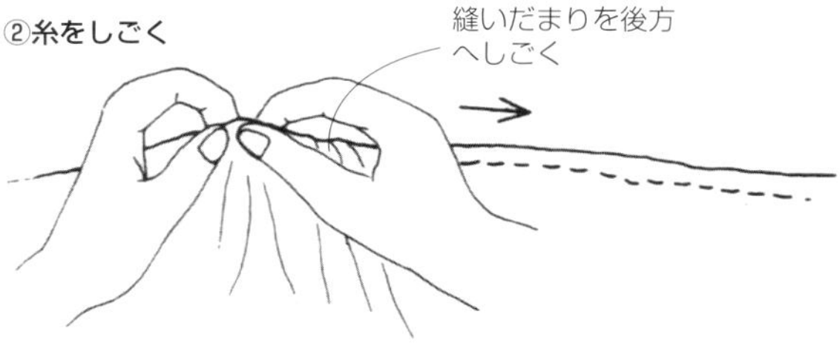
縫いだまりを後方へしごく

［刺し子の要点］

爪を立てて、しごきを十分することが大切です。斜めのところでも、ゆるすぎるくらいによくしごきます。刺し子糸は縫いながら引っ張られているので洗うとかなりの縮みがきます。

（1）図案の写し方

★図案はコピー機で実物大に拡大します。

★コピー機がない、あるいは最初から自分で創案した柄を刺したいなどの場合は、方眼紙や斜眼紙を利用して、図を起こします。

★単純なもの、直線のものはへらで写します。

★複雑なものは、チャコペーパーの上に図を置き、その上にビニールを敷いてトレーサー（ボールペンでもよい）で図案をなぞります。

（2）刺し子の針目

★針目　糸の太さは、糸の１本どり、２本どり、４本どりなどで同じ色の糸でもかなり広く使い分けられます。また、針目は何本どりと、取り数が多くなるほど針目は長くなります。布裏に出る針目はだいたい1～2㎜くらいが適当でしょう。2本どり、4本どりなどで糸がよじれたら、糸を引っぱって少しもどし、しごきなおすときれいになります。右の実物大針目を参考にしてください。まず、針目でバラエティを考えてみましょう。

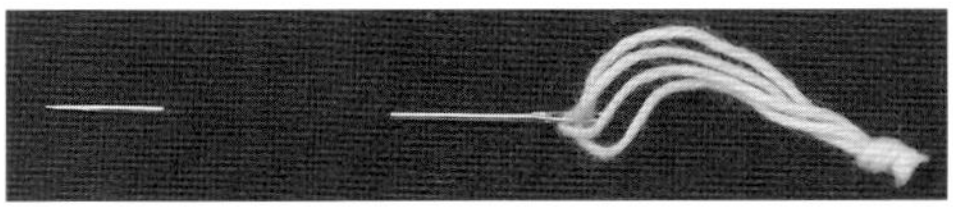

4本どりは、長針に生成糸を2本一度に通して、4本どりとします。4本どりは右の実物大針目のように3種類の刺し方が一般的です。

★刺し子糸・縫い糸（10/4、10番糸4本どり）　刺し子の糸はかせ糸とカード糸の二つに分かれており、それぞれに巻いてある長さが違います。カード糸は1カード40m巻き、かせ糸は1かせ200m巻きです。また刺し子の糸は縫い糸にも使用しますが、まつる糸は縫い糸（ふきん糸と同じ番手の刺し子細糸か市販品）を使います。市販以外全て草木染です。

※注1）生成の刺し子糸（水通しがしてありません）は縮むので、必ずかせのままで熱湯に浸して、輪の状態で乾かしてから使用しましょう。

※注2）色糸を生成地に刺すときは、針跡が残るかどうか確認の意味でも、布端で試し刺しをしてみてください。特に赤系の糸で生成地への刺し子は、生地に染まることもありますので、注意が必要です。

★布きんの糸　70m巻きの化学染で、布きん専用です。

かせ糸（生成）

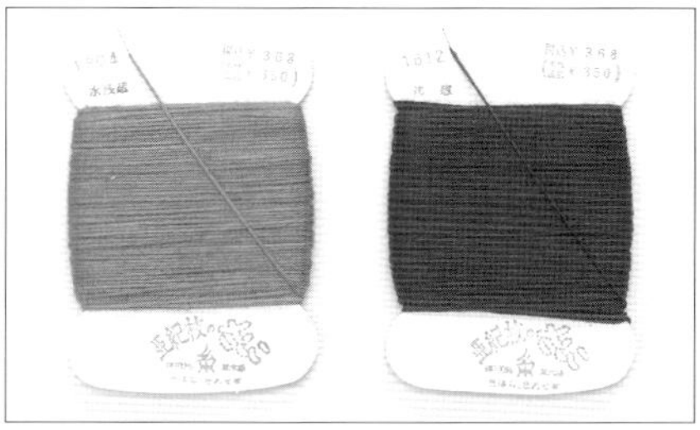

カード糸（左/水浅葱、右/浅葱）

〈刺し子の実物大針目〉

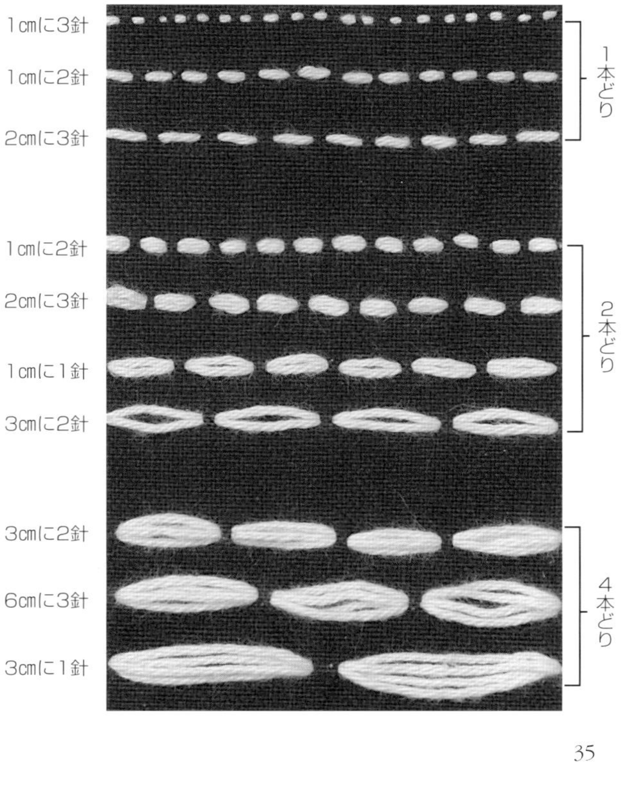
1cmに3針
1cmに2針
2cmに3針
1本どり
1cmに2針
2cmに3針
1cmに1針
3cmに2針
2本どり
3cmに2針
6cmに3針
3cmに1針
4本どり

[縫い方のいろいろ]

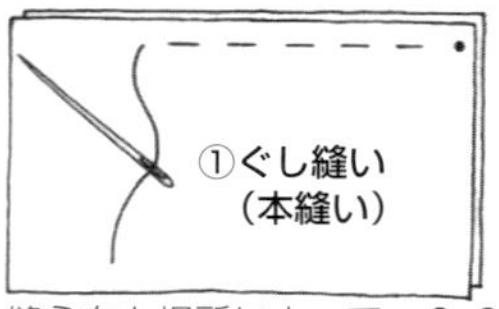
①ぐし縫い
（本縫い）

縫う布と場所によって、０.２〜０.５くらいの針目で縫います。

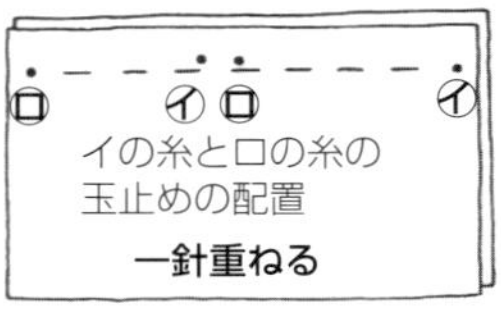

糸をつなぐときは、一針重ねたところから玉止めをして縫いつなぐ。

②返し縫い

あき止まりで縫い終わるような場合。

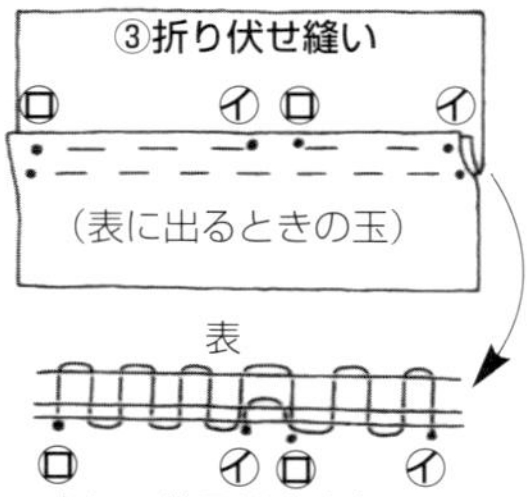

表に二針目は出さない

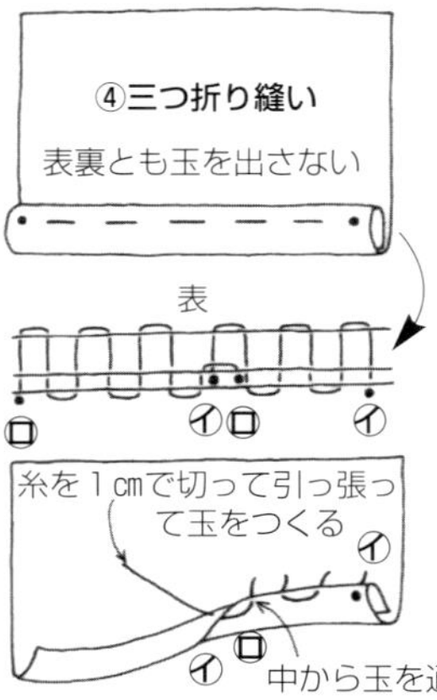
④三つ折り縫い
表裏とも玉を出さない
表
ロ
イ
ロ
イ
糸を１cmで切って引っ張って玉をつくる
イ
イ
ロ
中から玉を通す

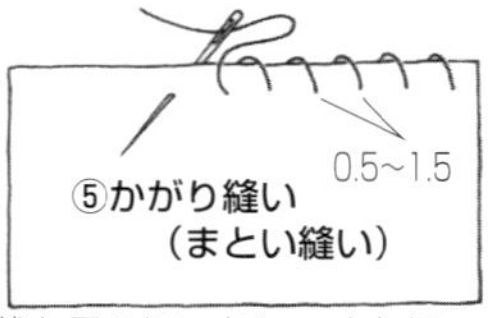
⑤かがり縫い
（まとい縫い）
0.5〜1.5

裁ち目のほつれに、またほつれやすいところほど細く

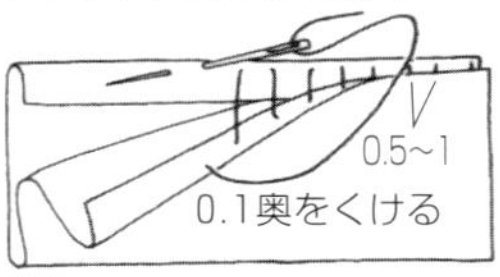
0.5〜1
0.1奥をくける

⑥本ぐけ

ひも、帯、えりぐけなどに

◆刺し子の布

手作りの醍醐味は、まず素材選びにあります。同じ手間をかけるなら、こだわりのある材料を使いましょう。布は少し粗めの地が縫いやすく、布地は木綿の本藍染めや草木染めがよいでしょう。布の幅や丈はさまざまですが、並幅の布では幅が35〜37cm、丈は10〜12mくらいが標準です。本書では、刺し子専門店（株）自然堂製の素材、材料を紹介しています。

(1)布幅と丈

一反単位を洗うと縦、横とも約1割、下記のように縮みます（およその寸法）。

	生機（きはた）	洗い済み（単位cm）
洋服幅薄地	33×1.300	32×1.200
洋服幅厚地	34×1.300	32×1.170
並幅　薄地	39×1.300	37×1.200
並幅　厚地	39×1.300	37×1.170
並幅極厚地	39×1.300	37×1.170
のれん幅	48×1.000	45×940
広幅	120×500	114×450

(2)布を洗う

布を洗う目的は、色落とし、ノリ気落とし、正常に縮ませるなどの目的があります。布を買ったら、必ず生機（きはた）（織ったままで、布を正しく縮ませてない）か洗い済みかを確かめてください。洗い済みといわれても、機械で洗って幅出しをした布は、ほとんど生機と同じくらいに戻っていますので、家庭でもう一度洗わないと自然な縮み加減になりません。（自然堂製は全て家庭用洗濯機で洗い済み）

洗濯機に水を張り、洗剤を入れてよく混ぜ、その中へほぐした反物を入れ5〜10分回してすすぎ、脱水します。シワを伸ばして四つ折りにし、竿にかけて日陰か室内で2日くらいゆっくり乾かします。乾いたらアイロン仕上げをします。

本書で使用する布幅（水通し済み/単位cm）

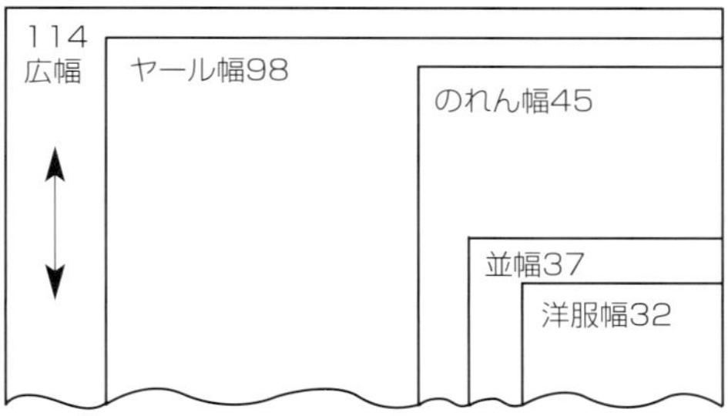
114
広幅
ヤール幅98
のれん幅45
並幅37
洋服幅32

[布の種類]

・**薄地**（20/1）20番1本どりで20番単糸という。

裏地・夏物用。納戸、薄浅葱、生成、草木染は各幅で数色有。

洋服幅３２×１１７０cm、並幅３７×１２００cm、のれん幅４５×９２０cm

・**厚地**（20/2）20番2本どりで20番双糸という。

刺し易く、ある程度厚味もあり、最も良く使われている。

洋服幅３２×１１７０cm、並幅３７×１１７０cm、のれん幅４５×９２０cm

・**極厚地**（5/1）5番1本どりで5番単糸という。

この布ばかり使うファンも多い。

藍・草木で１０色くらいある。

並幅のみ（手紡風）３７×1170cm

(3) 地直しの方法

矢印の方向に引っ張りながらスチームアイロンをかけます。

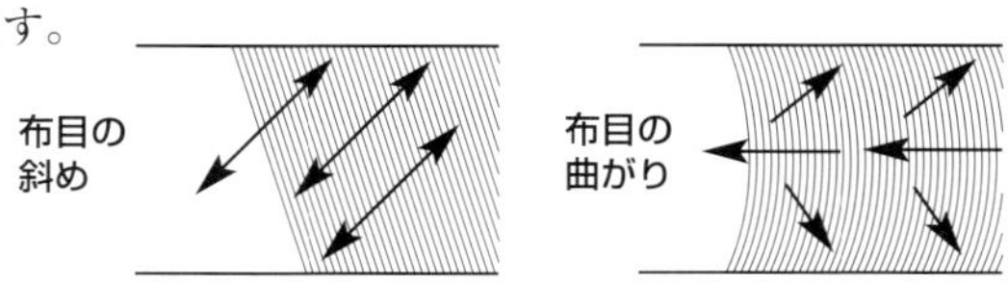

[刺し子柄プリント布]

布に刺し子模様がプリントされており、洗えばプリント柄は消える便利なものです。プリントしてあると、製図、柄写しの手間がはぶけ、大変重宝します。部分刺しをすれば、柄の取り方や布・糸の色使いなどで、元のプリントとは思えないほどの変化を楽しむことができます。本書でもタピストリーやベッドカバーの枠どりなどに使用して、効果をあげています。

扱い方

・部分刺し…好きな部分だけをチャコなどで標して刺し、残りの部分は洗って落とします。

・総刺し…総刺しはしごきを充分にしても、洗うと多少は縮みます。必要丈より５〜１０％くらい余分に見積もりましょう。

・柄合わせ…規則的な幾何柄（麻の葉、紗綾形、七宝、青海波など）は、横の柄合わせが必要です。その分も見込んで、丈を少し多く用意しましょう。

[種類]

(1) 並幅・３７㎝

厚地・薄地で納戸色・薄浅葱色・生成の３色で６柄有ります。全て総柄です。

・きりバメ・角きりバメ・大麻・小麻・紗綾形・花柄（１㎝方眼入り）。

〈布きん柄〉（藍染）幅３７×丈約４５（厚地）

（四角布きん）幅３４×丈約３４、生成と色物２色、藍染幅３７×丈約５０（厚地）

（長四角布きん）幅３４×丈約４０、生成と色物２色。

(2) 洋服幅・３２㎝

厚地、薄地で納戸、薄浅葱、生成の３色で各４柄有ります。この布は３２㎝幅という小幅になっているのが特徴で、洋服なら４丈でゆったり身幅になり、マフラー、袋物、敷物などにも適します。また、一つの布に二柄ついていて、両方の柄が同時に使えます。七宝方眼・青海波斜眼・遊び格子に一針刺し・遊び渦巻。

(3) のれん幅・４５㎝

厚地で納戸、薄浅葱、生成の３色で各６柄有ります。

(4) 並幅・３７㎝

コースター柄丈＝４０㎝

９切りでコースター９枚どり（上がり１０㎝角）。このままで、敷物、ミニクッションにもなります。

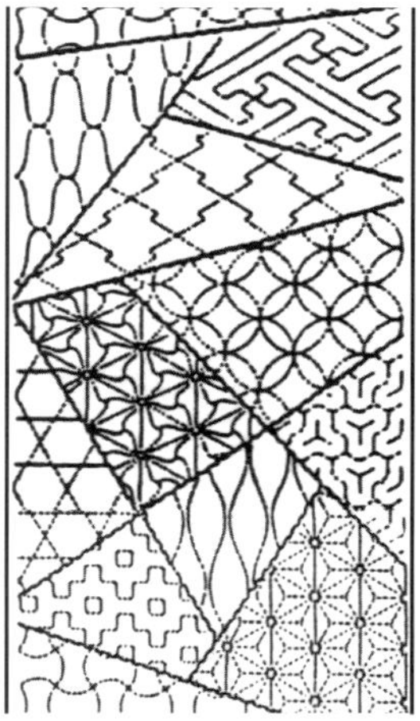

きりバメ（並幅）

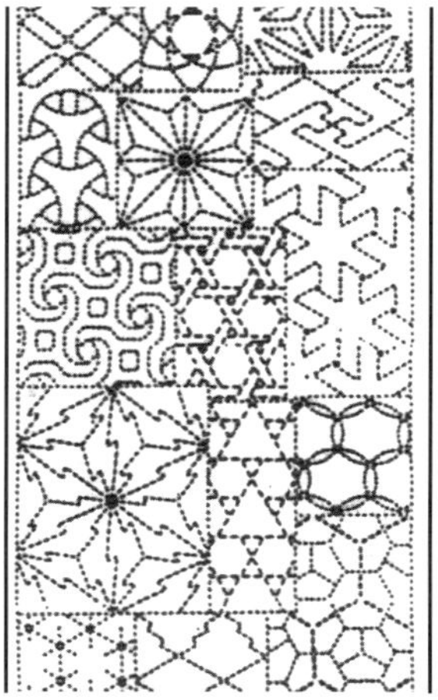

角きりバメ（並幅）

遊び格子に一針刺し（洋服幅）

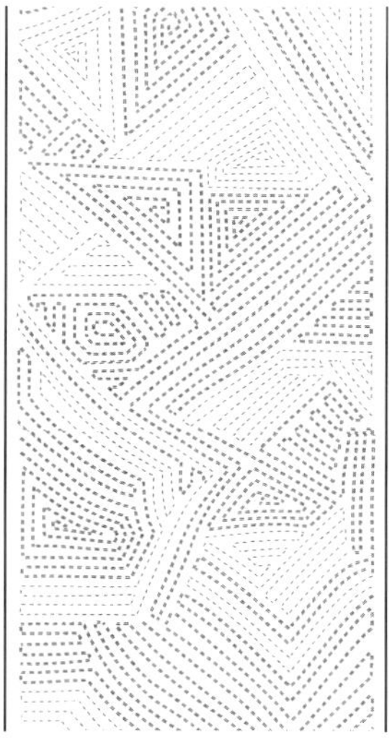

遊び渦巻（洋服幅）

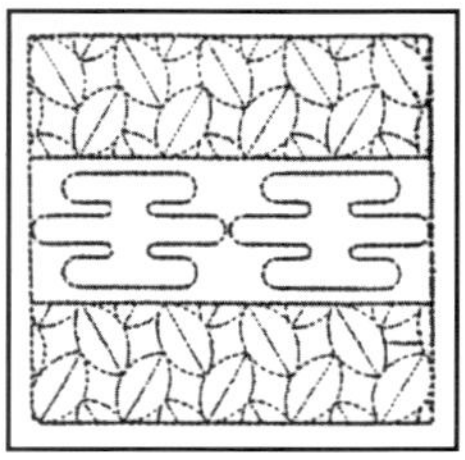

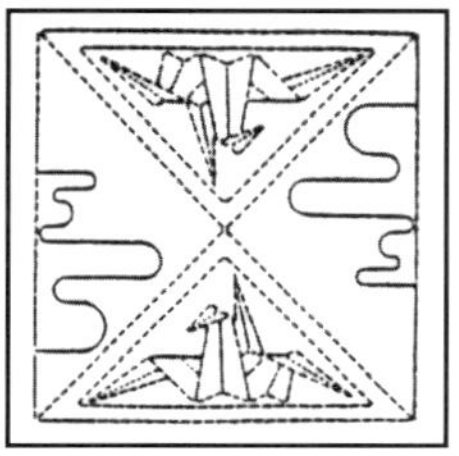

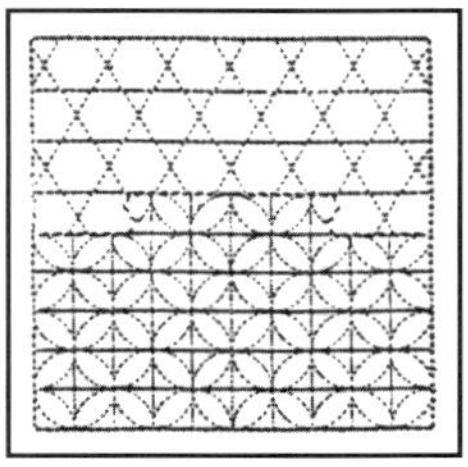

右/折り鶴に雲（四角・布きん）
左/舞木の葉（四角・布きん）
下/七宝とかごめ（四角・布きん）

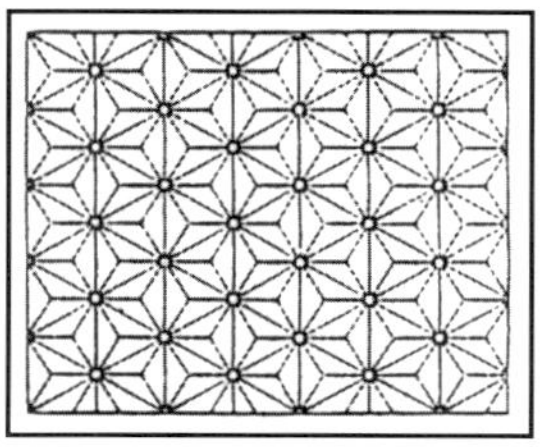

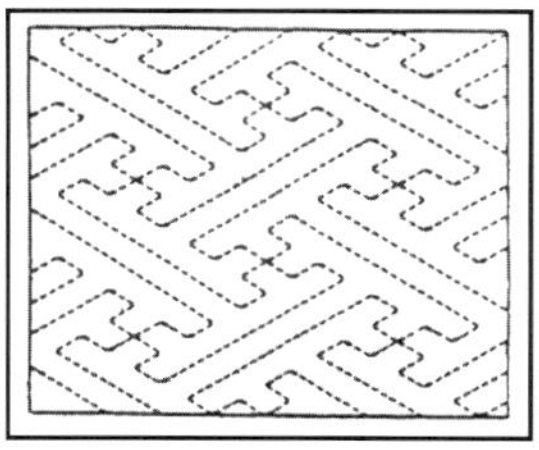

右/青海波（長四角・布きん）
左/麻（長四角・布きん）
下/紗綾形（長四角・布きん）

二熨斗(にのし)の間仕切り

口絵カラー1ページ

口絵作品は1柄を2本どりにし、1針刺し（一目が5㎜以上のやや大きめの針目）になっています。
1本どりの細針目で、柄の通りに刺してもよいでしょう。

〔材料〕
〈布〉①表地／のれん幅厚地納戸色（45㎝）358㎝
②裏地／のれん幅薄地ねずみ色（45㎝）340㎝
〈縫い糸〉納戸1カード
〈刺し子糸〉紺・赤・紫・薄紫・灰・黄・黄緑・濃緑・浅葱・水浅葱・薄浅葱・濃桃・オレンジ各1カード、生成1かせ
◎生成糸は熱湯にかせのままつけて乾かし（1割弱縮む）、その後刺します。
■仕立　①表裏別々に次頁をよく見て図を拡大し、写してから刺します。
②左右の表裏をそれぞれ合わせ、上を残してU字型に縫って返します。③左右の丈、柄を合わせてから、上部をくけ、中心を綴じます。④つり手を仕立てて図のようにつけます。

◎この柄は「タピストリー兼ベッドカバー二種」にも応用しています。

■麻の葉系統の柄は線が多いので、小さめの箇所を2本どりにすると表現しずらいのですが、全体の迫力は増します。どうしても正確に刺したい場合は、1本どりの細針目にしてください。

〈用布の取り方〉

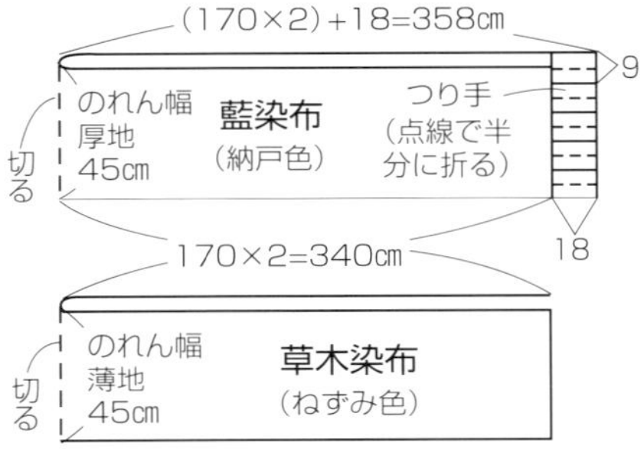

(170×2)+18=358㎝
のれん幅
厚地
45㎝
藍染布
（納戸色）
つり手
（点線で半分に折る）
9
18
切る
170×2=340㎝
のれん幅
薄地
45㎝
草木染布
（ねずみ色）
切る

〈中心の綴じ方〉

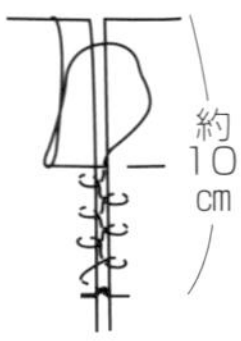

約10㎝

仕立ててから中心の上を綴じる。（52ページ参照）

〈飾り綴じつり手の刺し方〉

糸は最初2本どりで40〜50㎝とり、刺し終わったら残糸を測って必要な長さを逆算し、次からはその所用寸法で刺します。

●数字=表に出す
○数字=裏に出す
◎数字=内側から表に、または表から内へ出す

（イ）

2本どりで内側から第1針を出し裏の手まですくって第2針を表に出す

（ロ）

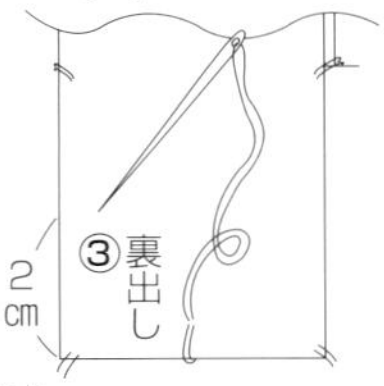

2㎝
③裏出し

表から第3針を裏の手まで通す

（ハ）

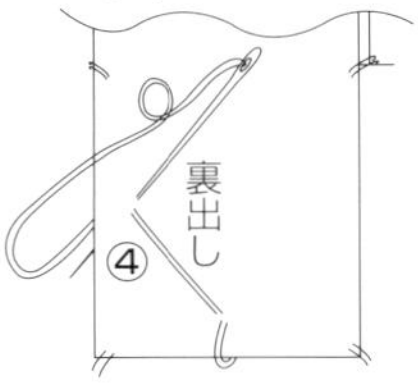

裏にまわった針を手の縁よりまわしながら、もう一度元の穴へ表から裏の手まで通す（第4針）

（ニ）

❺
表出し

裏側から表へ針を出す（第5針）

（ホ）

❻
表出し

表から針を、のれんの終わったところからまわして裏から同じ穴へもう一度通す（第6針）

（ヘ）

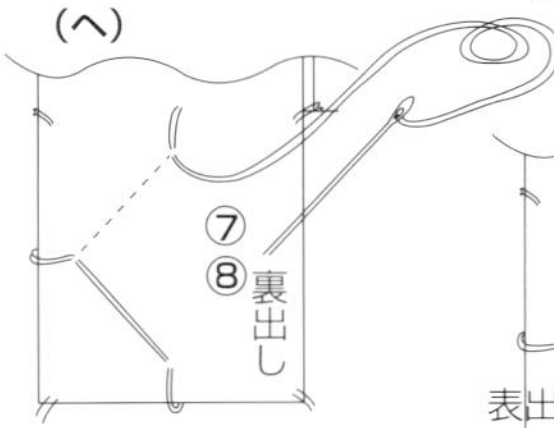

⑦
⑧
裏出し

表から裏の手まで通して（第7針）
また裏からまわして表から通す（第8針）

（ト）

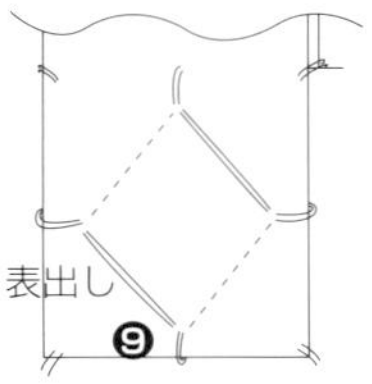

⑨で同じ穴に3度目の針を通し、表に出す（第9針）

（チ）

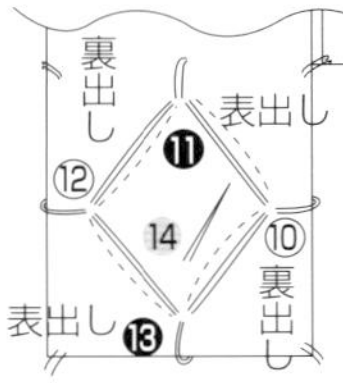

表・裏の手がひし形になるように、⑨から戻って⑩、⑪、⑫と刺し、⑬まで戻ったら内をもぐって⑭へ針を出す

（リ）

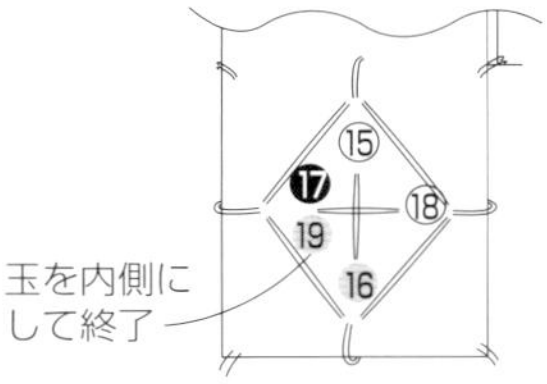

その糸を⑮で裏へ出し、⑯へ戻ったら内側からもぐらせて⑰へ。
⑱へ渡し、⑲で戻る。

〈つり手の完成図〉表裏とも同じ柄になる

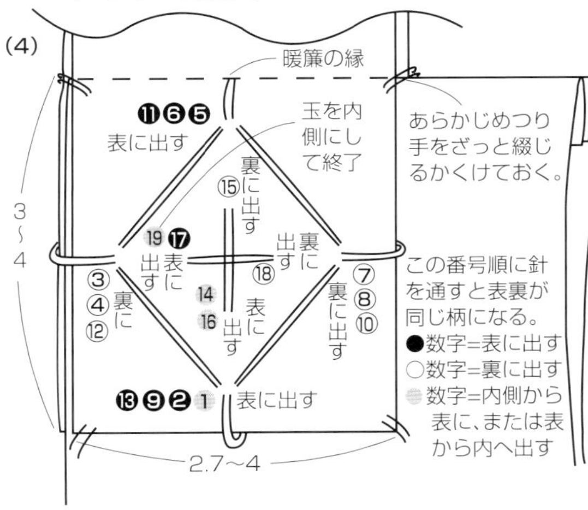

(4)
暖簾の縁
⓫❻❺
表に出す
玉を内側にして終了
あらかじめつり手をざっと綴じるかくけておく。
裏に出す
⑮
⑲⓱
表に出す
裏に出す
⑱
③
④
⑫
裏に
⑭
⑯
表に出す
⑦
⑧
⑩
裏に出す
この番号順に針を通すと表裏が同じ柄になる。
●数字=表に出す
○数字=裏に出す
数字=内側から表に、または表から内へ出す
⓭❾❷1 表に出す
3〜4
2.7〜4

〈つり手の綴じ方〉

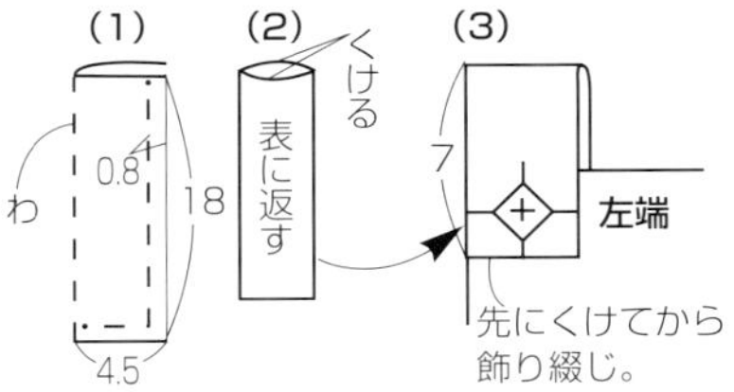

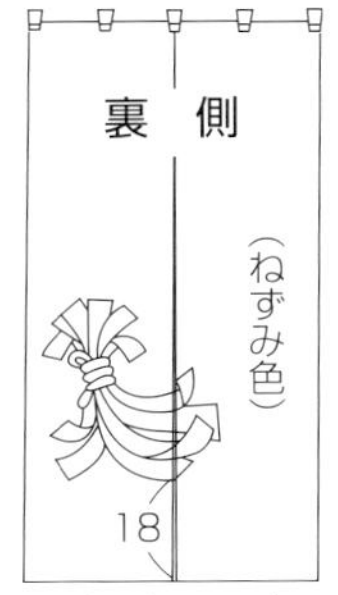

裏側
(ねずみ色)
18

裏側は表と同寸の空熨斗をつける。

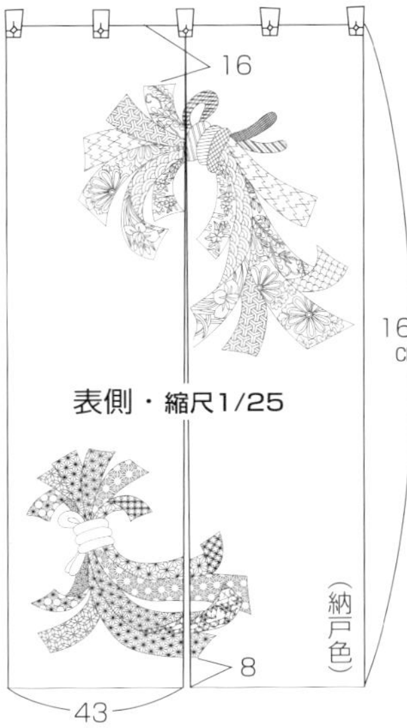

麻の葉熨斗図案

■拡大の仕方
このままをB5でコピーして、A～Cまで3コマに切り離し、それぞれをA3で350%に拡大したものを本図の形に貼り合わせ点線より左右に分けて柄つけをします。

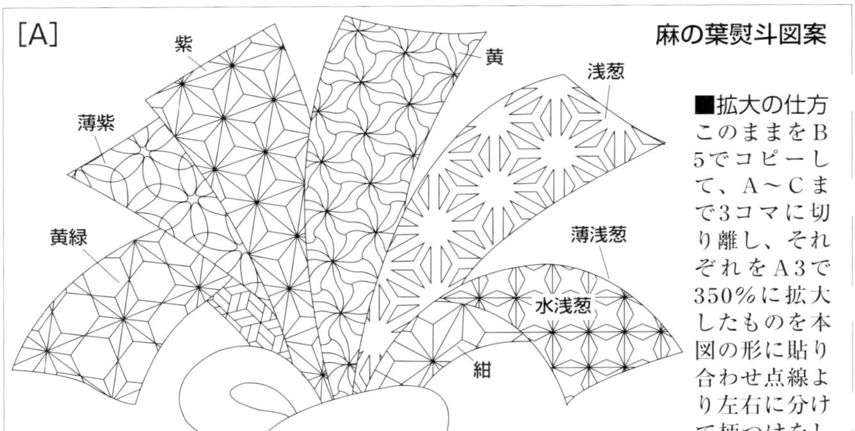
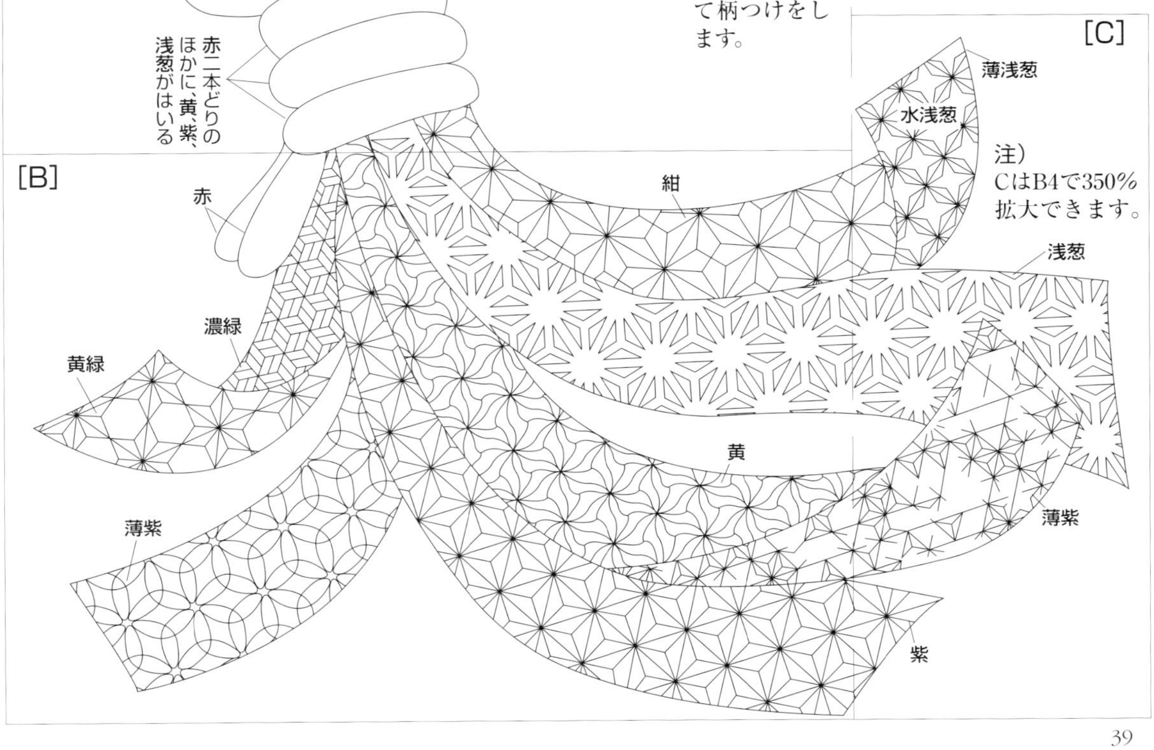

[A]
紫
黄
浅葱
薄紫
黄緑
薄浅葱
水浅葱
紺
赤二本どりのほかに、黄、紫、浅葱がはいる
[B]
赤
濃緑
黄緑
薄紫
[C]
薄浅葱
水浅葱
紺
浅葱
黄
薄紫
紫

注）
CはB4で350%拡大できます。

花柄熨斗図案

■拡大の仕方
このままをB5でコピーし、1コマずつ切り離して6コマ作り、それぞれをB4で360%拡大し、図のように貼り合わせて1枚にします。絵柄は、斜線の箇所から左右に振り分けます。

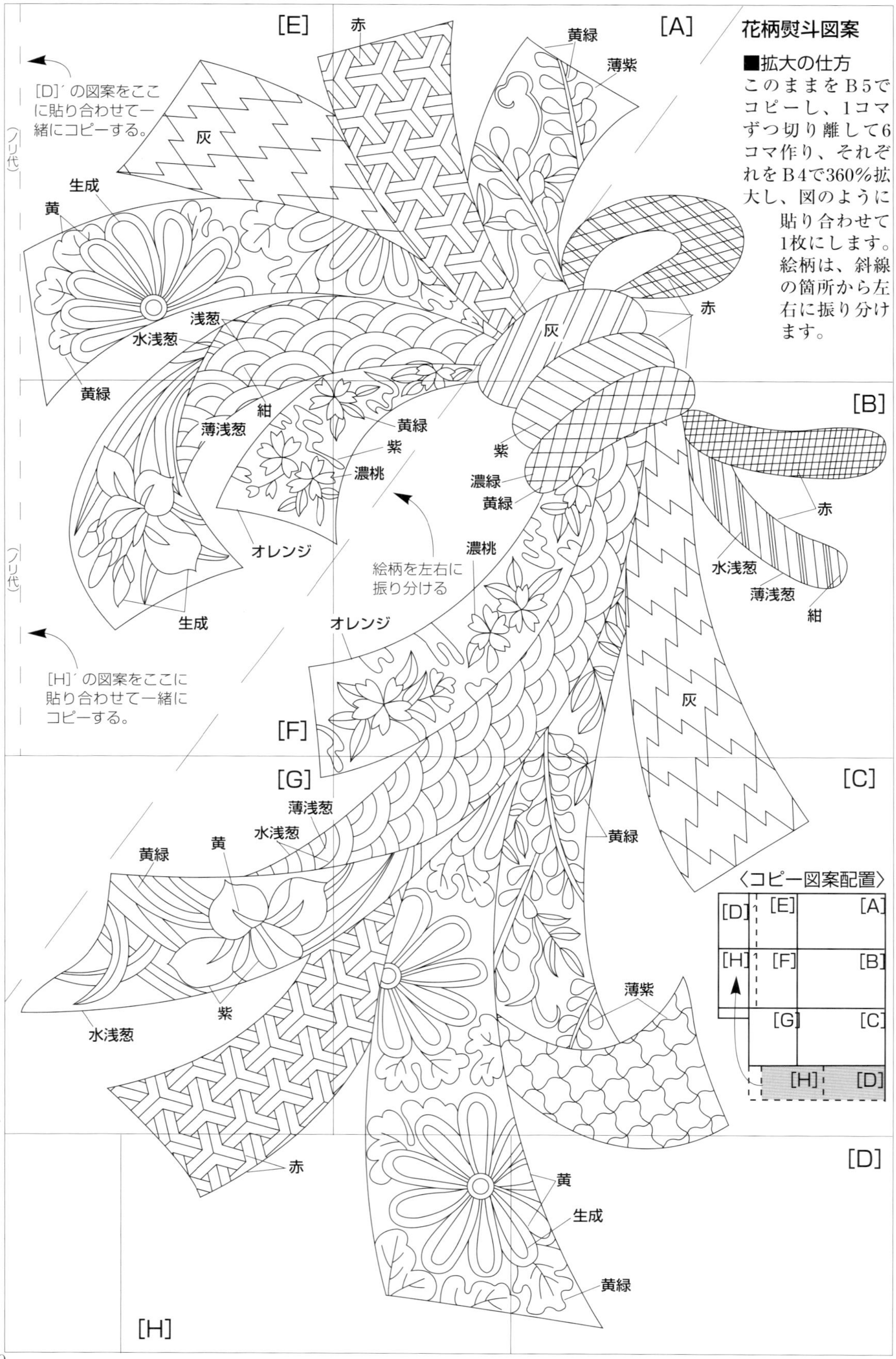

[E]
[A]
赤
黄緑
薄紫
[D]´の図案をここに貼り合わせて一緒にコピーする。
(ノリ代)
灰
生成
黄
浅葱
水浅葱
黄緑
紺
薄浅葱
黄緑
紫
濃桃
オレンジ
灰
赤
[B]
紫
濃緑
黄緑
赤
水浅葱
薄浅葱
紺
絵柄を左右に振り分ける
濃桃
生成
オレンジ
(ノリ代)
[H]´の図案をここに貼り合わせて一緒にコピーする。
[F]
灰
[G]
[C]
薄浅葱
水浅葱
黄
黄緑
黄緑
紫
水浅葱
薄紫
赤
[D]
黄
生成
黄緑
[H]
〈コピー図案配置〉
[D] [E] [A]
[H] [F] [B]
[G] [C]
[H] [D]

タピストリー兼ベッドカバー二種 口絵カラー2,3ページ

〈1〉 花柄熨斗・宴(うたげ)

〔材料〕〈布〉ヤール幅（98㎝）並厚地紺色を１反（450㎝）
〈縫い糸〉紺1カード　〈刺し子糸〉生成3かせ（先に湯通しして使用）
※仕上がり図や仕立て図で、縫い代寸法の記載がないものは全て1cm。

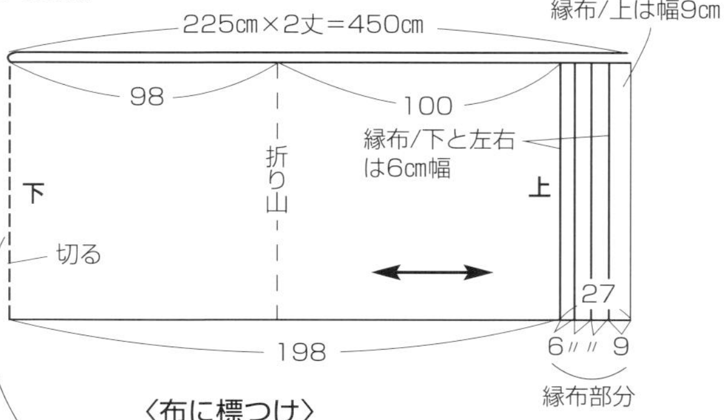

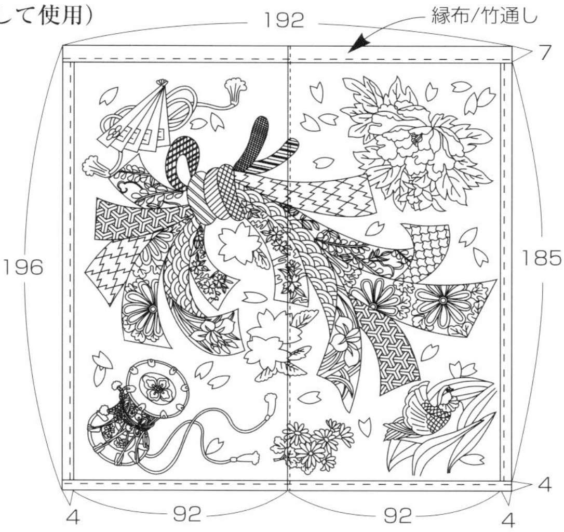

〈布に標つけ〉

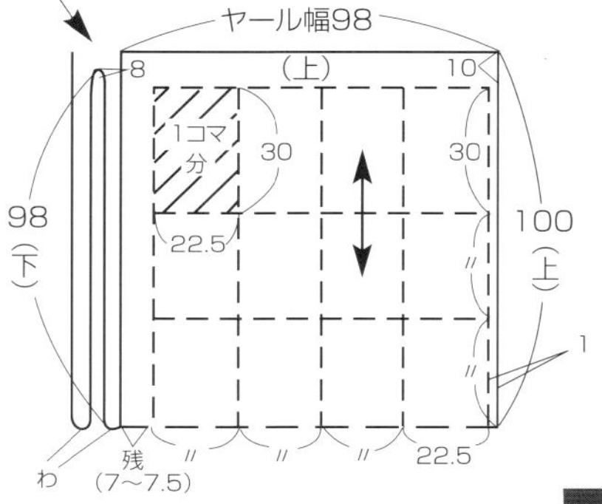

牡丹部分

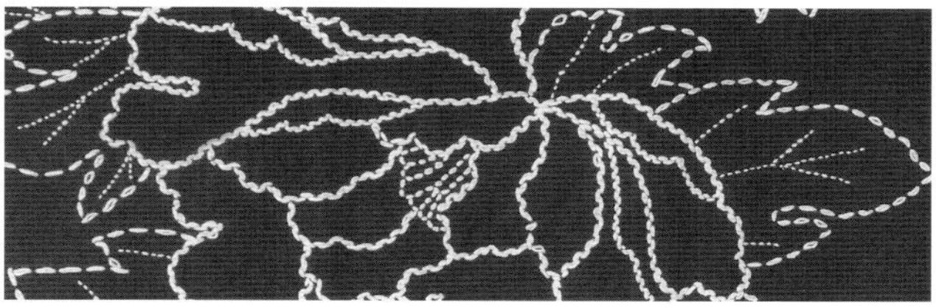

〈裏側の仕上がり寸法〉

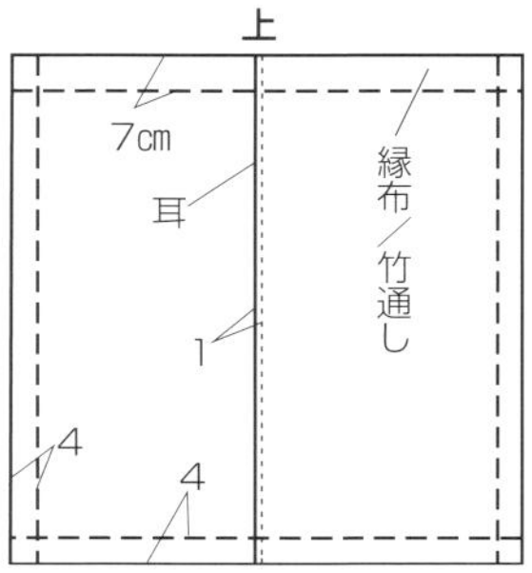

〈縁布/竹通し〉

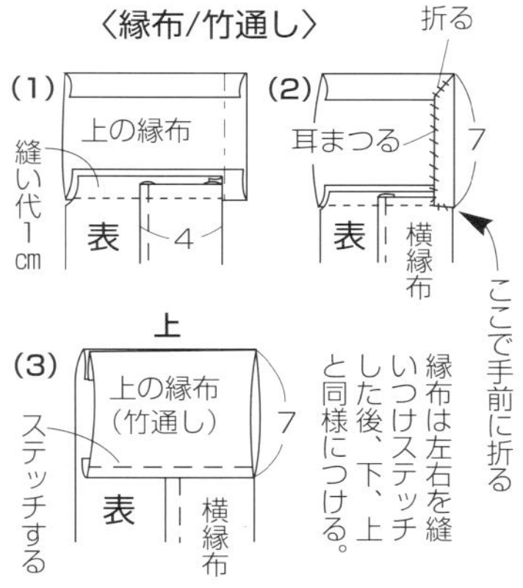

〈柄拡大の仕方〉

■縮尺10分の1の図案をこのままB4でコピーし、左図（1図）のように6コマ単位に切り離して、それぞれをB4で400%に拡大する(2図)。さらに6コマを一コマずつ切り離し、それぞれB4で250%に拡大。(3図／この1コマ分が実寸となります)

(1図／1回目のコピー)

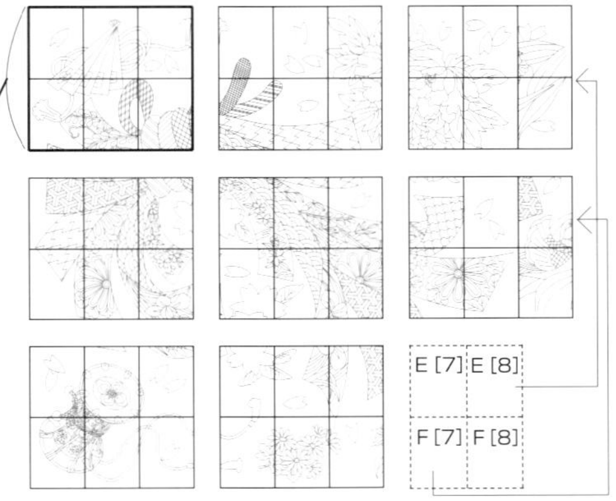

注）左図のようにE7･F7とE8･F8を移動してコピーすると無駄になりません。

400%
拡大

■上図の6コマ分をそれぞれB4のコピー用紙で400%に拡大する。ただし、A3用紙の方が余裕をもってコピーできます。

(2図／2回目のコピー)

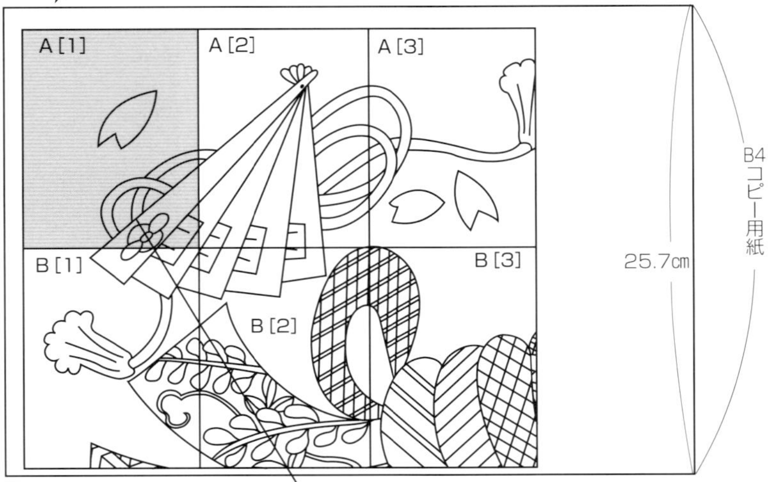

■1コマずつ全てを合わせて48枚分、チャコペーパーで図柄を布に写します。前ページの図ように、布4枚に、へらで標をつけます。そこへ、1コマずつ写していくか、あるいは1／4分柄をはいでから写します。(布に標つけ/41ページ参照)

■縁布は全て、裏より縫って表へ返してステッチします。

(3図／3回目のコピー)

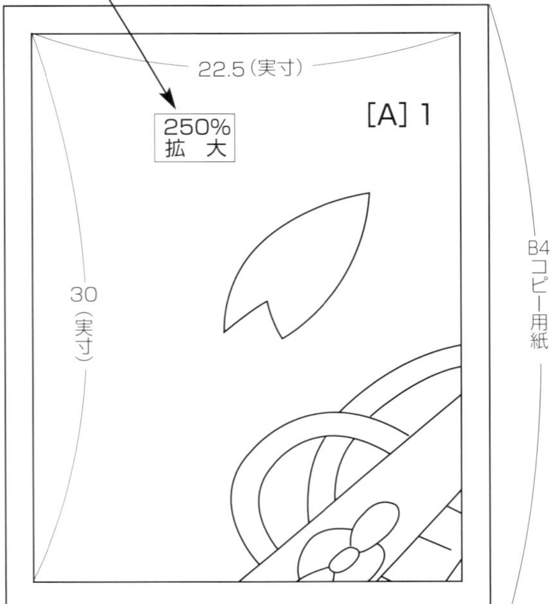

22.5(実寸)
250%
拡　大
[A] 1
30
(実寸)
B4コピー用紙

2図の左上の1コマを、B4のコピー用紙で250%に拡大する。

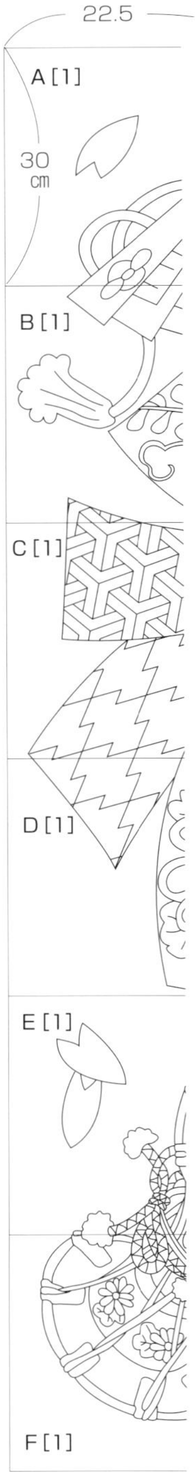

22.5
A[1]
30
㎝
B[1]
C[1]
D[1]
E[1]
F[1]

・熨斗の縁は4本どり（2本を一度に通して、輪にする）で刺します。他は全て2本どりで刺します。大作なので基本的に１本どりの刺し子は向きません。
・生成糸はかせごと熱湯につけて（湯通し）乾かします。乾燥すると約1割弱縮みますので、その後で刺し子をしましょう。
・刺し子の針目実物大は45ページと基礎の35ページに掲載してありますので、参考にしてください。

熨斗部分

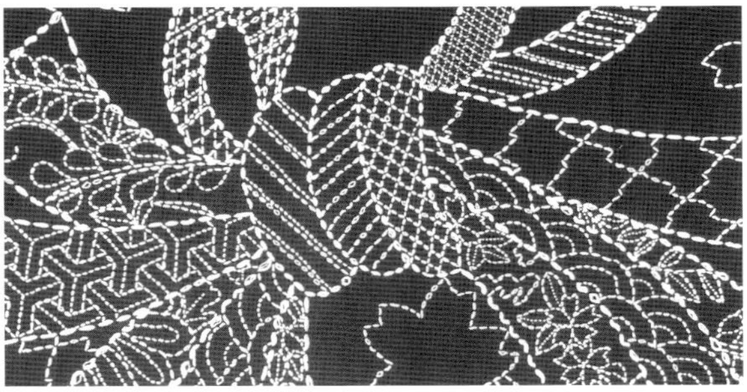

［寸法=縦 30㎝×6コマ＝180㎝（柄分）／横 22.5㎝×8コマ＝180㎝（柄分）］

縮尺＝10分の1

◎上の図案をコピーし、前頁のように各コマに切り分けたのち、さらにコピー機で拡大します。

タピストリー兼ベッドカバー二種 口絵カラー4,5ページ

〈2〉麻の葉柄熨斗・宴(うたげ)

〔材料〕41ページの花柄熨斗・宴と同じ

◎タピストリー、ベッドカバーの他、一辺が90cmくらいのコタツのカバーや、丸テーブルのカバーに使っても面白いでしょう。

◎図案のコピーの仕方も花柄熨斗の場合と同様です。大作を作る場合、コピーの作業も大事ですので、正確に仕上げるよう心がけましょう。

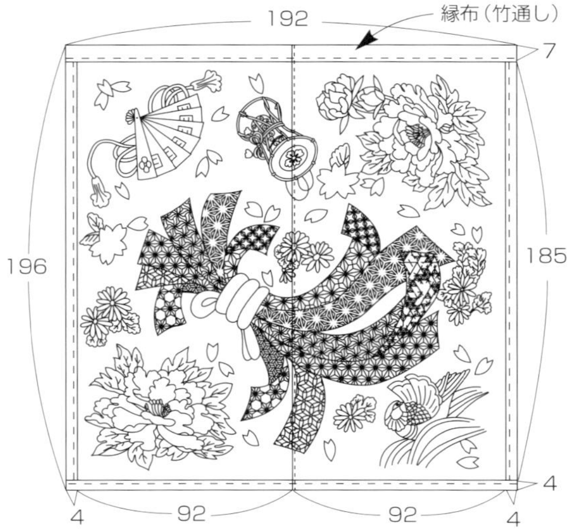

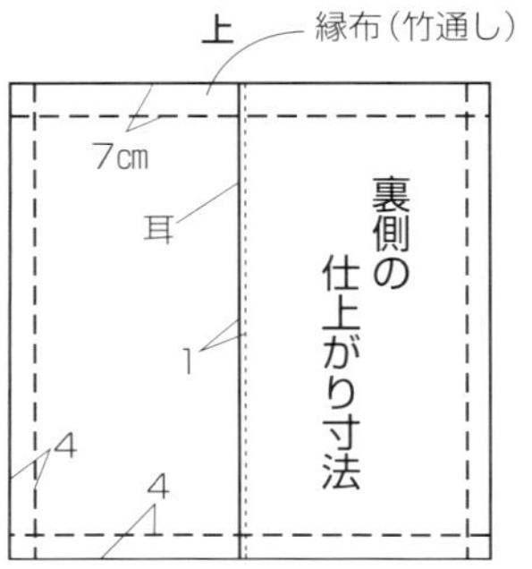

◎縁布は全て、裏より縫って表へ返してステッチします。縁布(竹通し)のつけ方は41ページを参照してください。

◎この７段階の針目を使い分けると、ダイナミックにできます。用途はタピストリー、ベッドカバー、炬燵カバー、テーブルカバーなどに向きます。

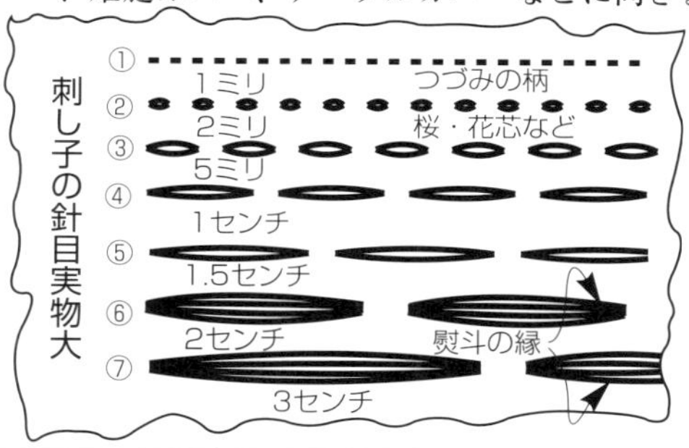

針目部分

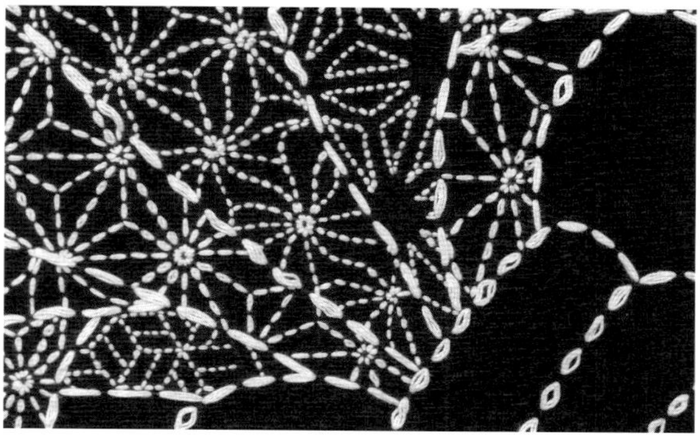

[寸法=縦 30cm×6コマ=180cm（柄分）／横 22.5cm×8コマ=180cm（柄分）]

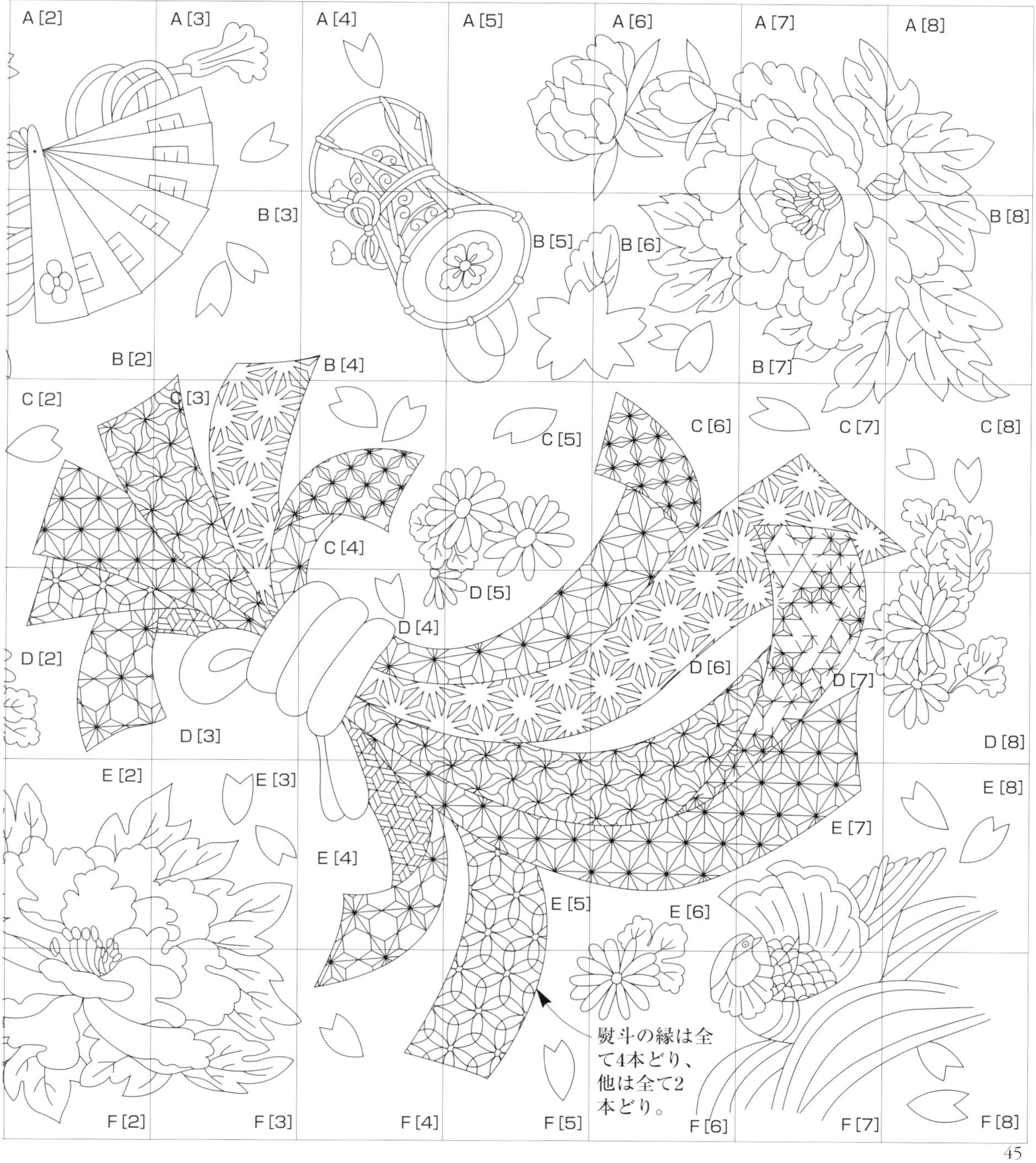

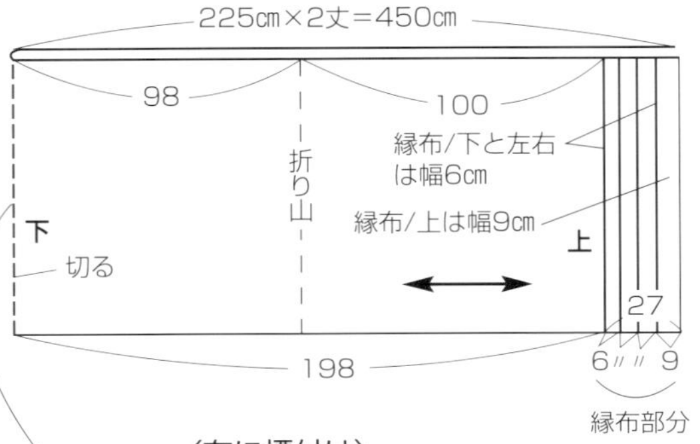

〈布に標付け〉

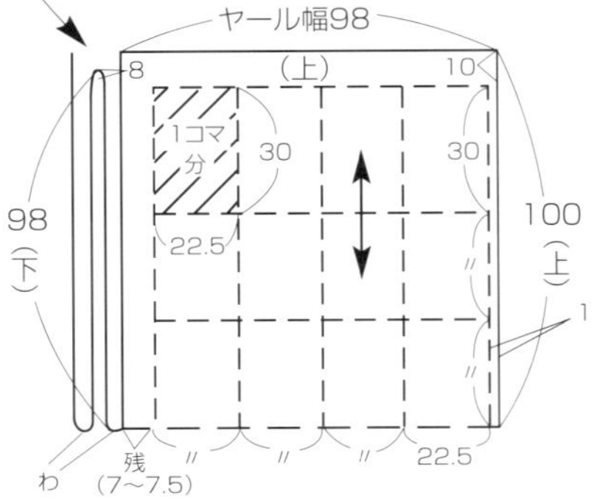
ヤール幅98
8
(上)
10
1コマ分
30
30
22.5
98(下)
100(上)
1
わ
残(7~7.5)
22.5

〈柄拡大の仕方〉

■図案をこのままB4でコピーし、右上（1図）のように6コマ単位に切り離して、それぞれをB4で400%に拡大する（2図）。更に6コマを一コマずつ切り離し、それぞれB4で250%に拡大。（3図／この1コマ分が実寸となります）

■1コマずつを全て合わせて48枚分、チャコペーパーで布に写します。上図のように、布4枚に、へらで標をつけます。そこへ、1コマずつ写していくか、あるいは1／4分柄をはいでから写します。

右上牡丹部分

注）下の1図のようにE7・F7とE8・F8を移動してコピーすると無駄になりません。

（1図／1回目のコピー）

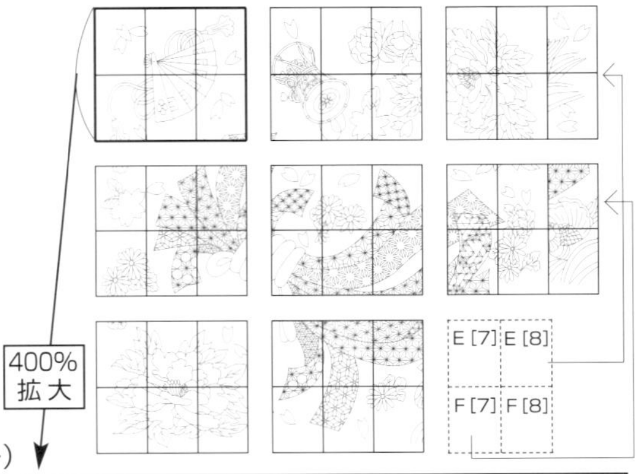
400%
拡大
E[7] E[8]
F[7] F[8]

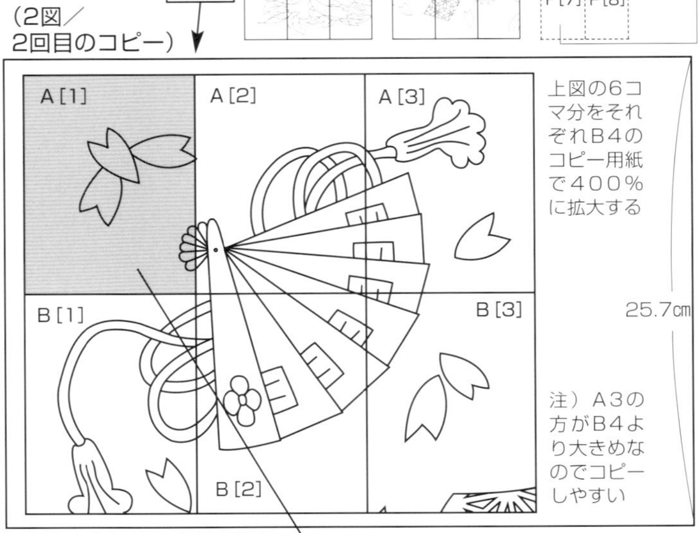
(2図／
2回目のコピー)
A[1]
A[2]
A[3]
B[1]
B[2]
B[3]
上図の6コマ分をそれぞれB4のコピー用紙で400%に拡大する
25.7㎝
注）A3の方がB4より大きめなのでコピーしやすい

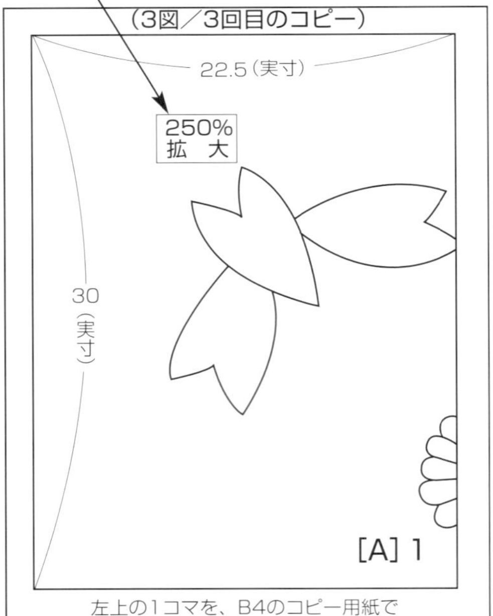
(3図／3回目のコピー)
22.5（実寸）
250%
拡 大
30（実寸）
[A] 1

左上の1コマを、B4のコピー用紙で250%に拡大する。

牡丹唐草と熨斗のテーブルクロスとランチョンマット

〈テーブルクロス/90cm×150cm用〉〔材料〕〈布〉広幅（114cm）の厚地生成を約半反（225cm）
〈縫い糸〉市販の白糸　〈刺し子糸〉紺、水浅葱各1かせ（ランチョンマットも共用）

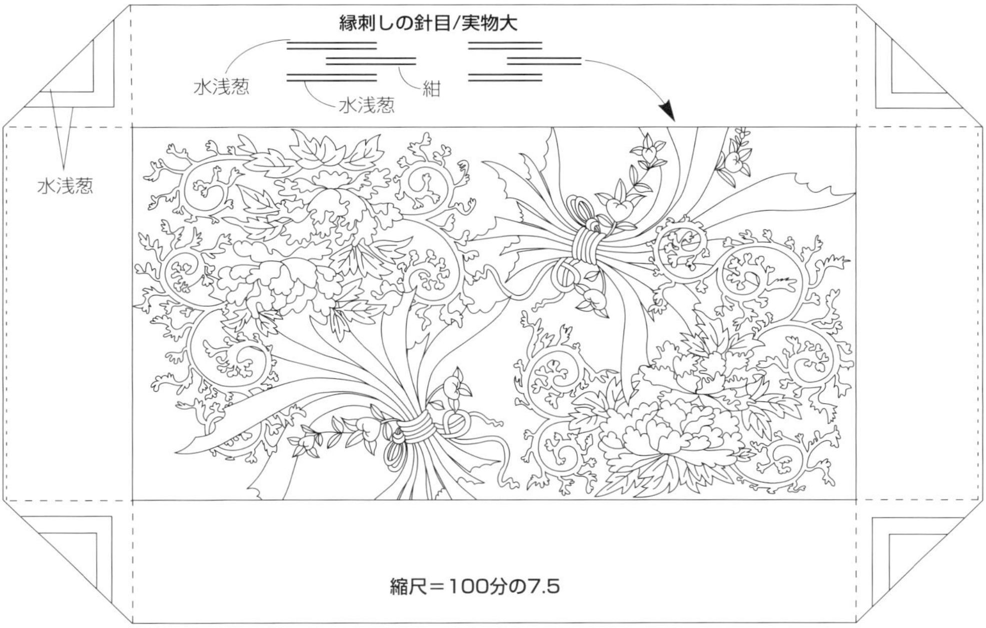
縁刺しの針目/実物大
水浅葱
水浅葱
紺
水浅葱
縮尺＝100分の7.5

■裁ち方
テーブルクロスは178×114cm、ランチョンマットは45×38cmを三つ切りで使用する。

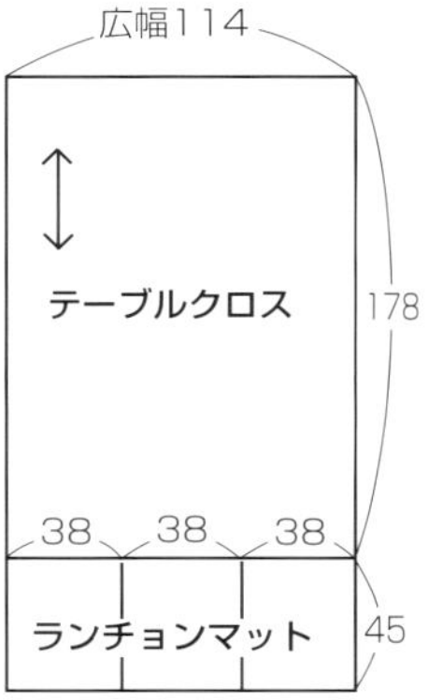
広幅114
テーブルクロス
178
38
38
38
ランチョンマット
45

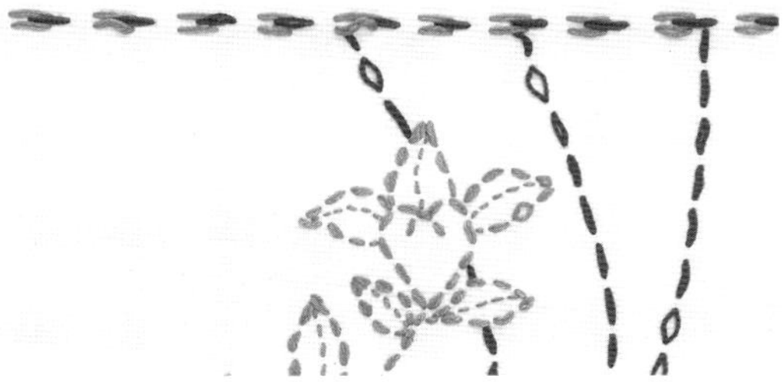

緑刺しの針目/部分

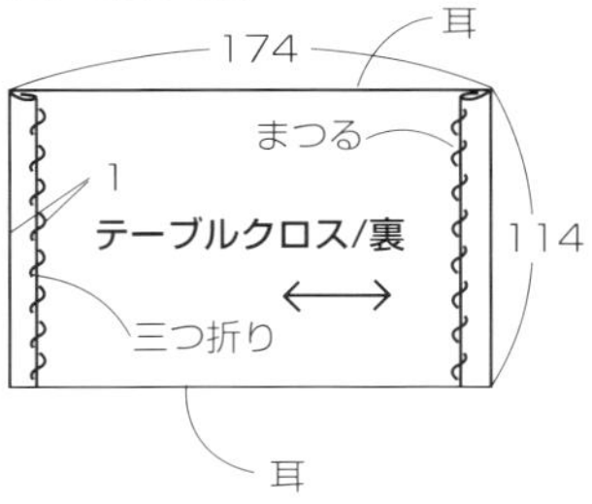
(1)〈縫い方〉
174
耳
まつる
1
テーブルクロス/裏
114
三つ折り
耳

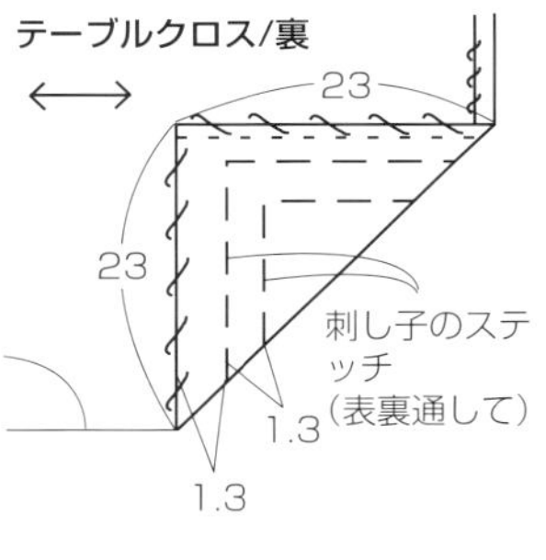
(2)〈コーナーの始末〉
テーブルクロス/裏
23
23
刺し子のステッチ（表裏通して）
耳
1.3
1.3

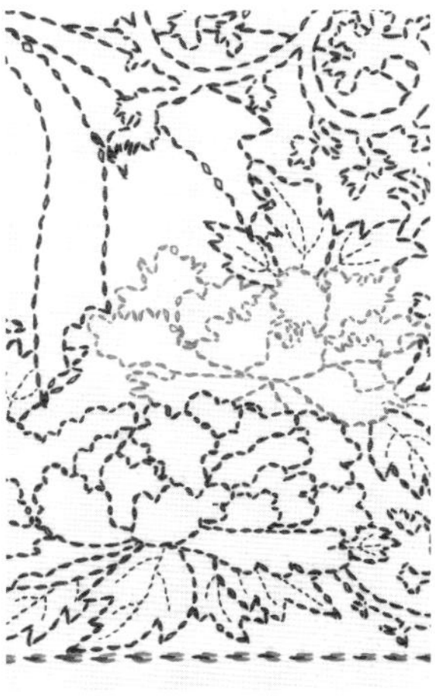

テーブルクロス部分

テーブルクロス部分

三つ折りで
ステッチ
ランチョンマット
裏側
0.7

※白い布には、透明のビニールをかけると、いつまでもきれいです。

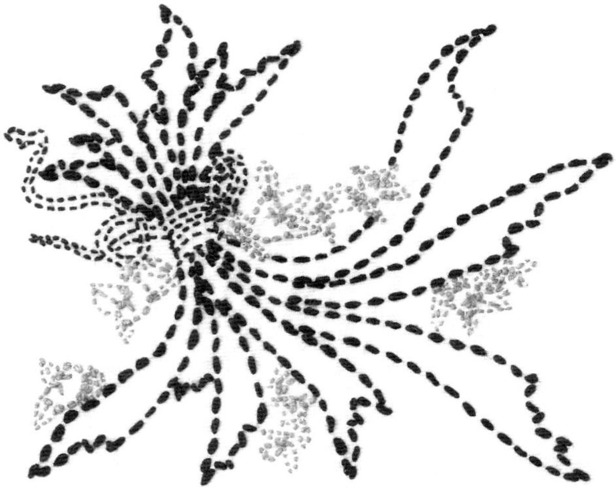

ランチョンマット部分

〈ランチョンマット三点〉

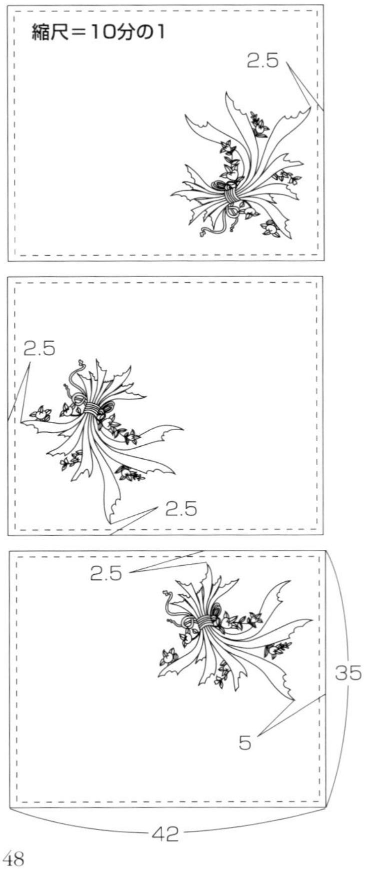
縮尺＝10分の1
2.5
2.5
2.5
2.5
35
5
42

■拡大の仕方

このまま下図をコピーして輪郭で切り取り、
B5で250%拡大します。

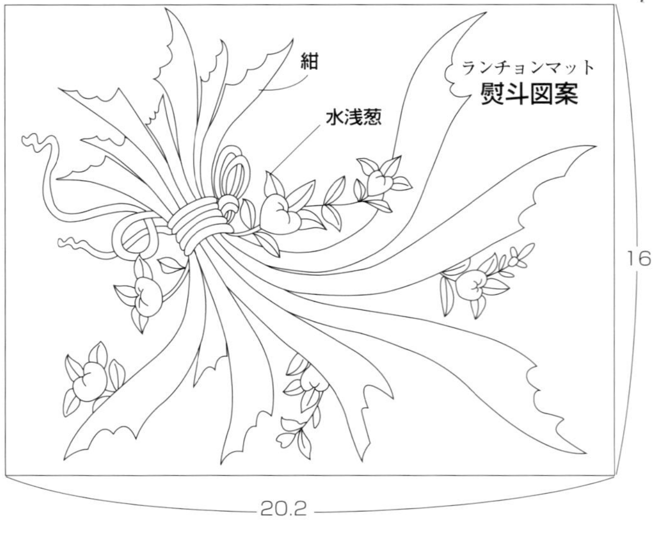
紺
水浅葱
ランチョンマット
熨斗図案
16
20.2

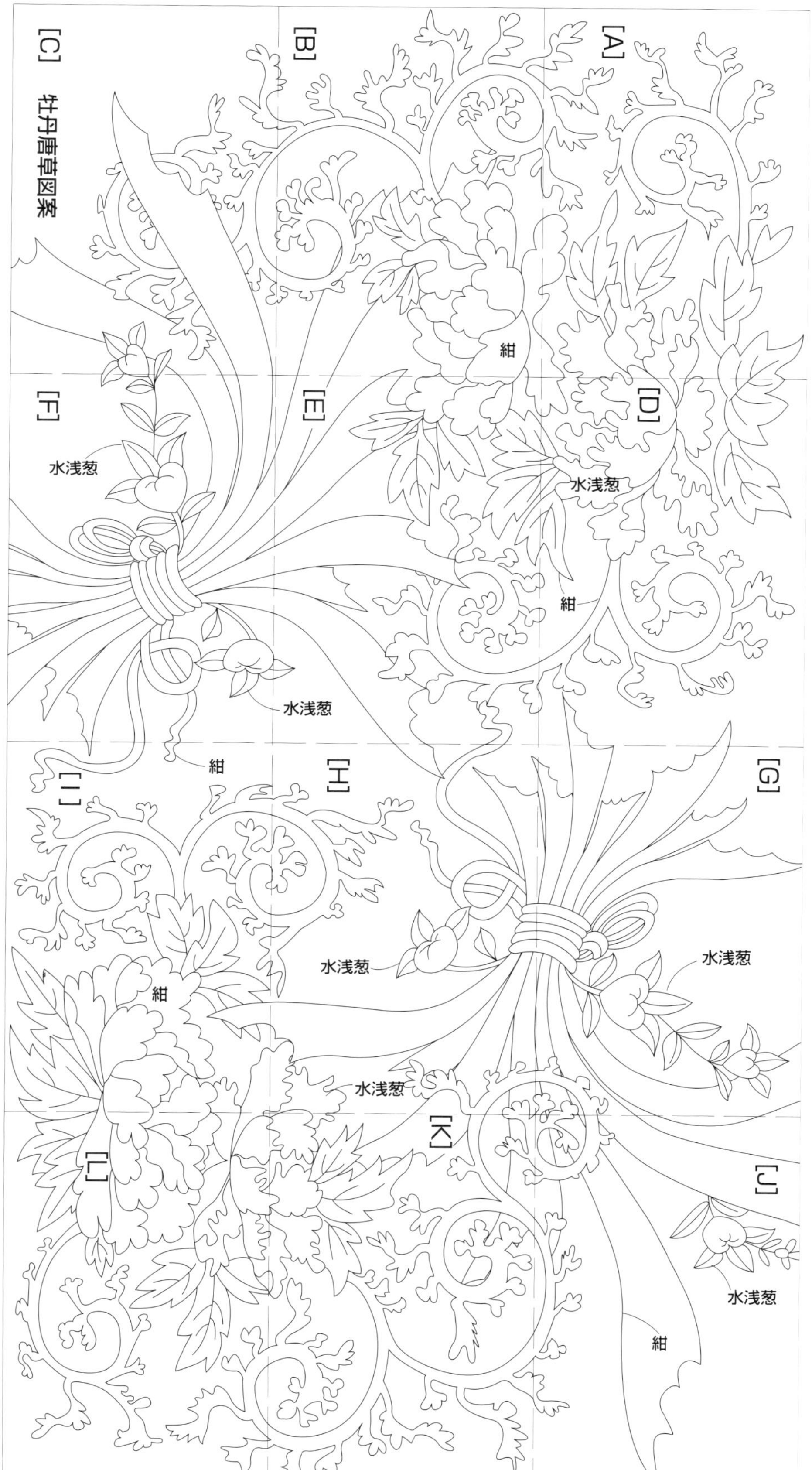

■拡大の仕方
左図をこのままコピーして外枠の輪郭線で切り取り、A3で160%拡大する。
　それを12コマに切り分け、それぞれのコマを横にして、B4で348%拡大する。

■図案の写し方
布を二つ折りにして、下記のようにへらで標つけをします。一コマに一枚ずつチャコペーパーを敷いてから、柄を写していきます。

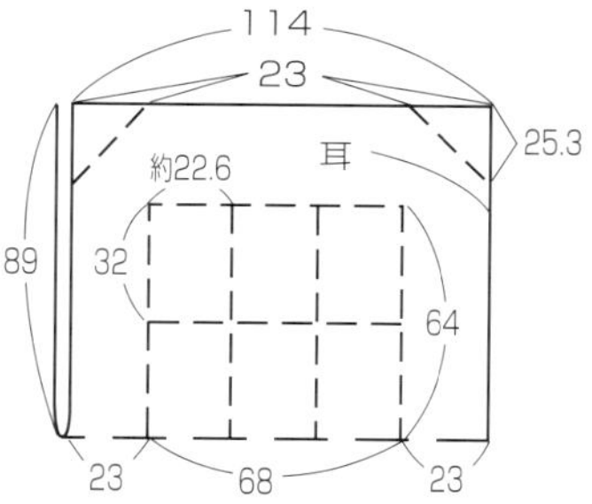

■色糸の用い方
①生地が生成の場合、刺し糸の色は、紺、納戸が自然でしょう。
②生地が納戸色（藍染）の場合は、刺し糸は白が主で、草木染もよいでしょう。
③針目は以下に掲載の実物大を参考にしながら、随所に使い分けて、ダイナミックに仕上げてください。

〈針目〉実物大

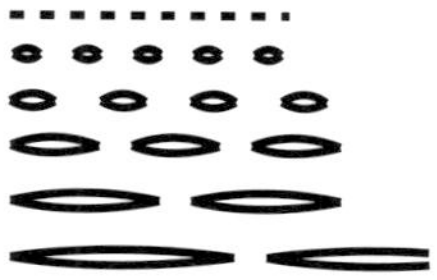

空熨斗に牡丹の暖簾

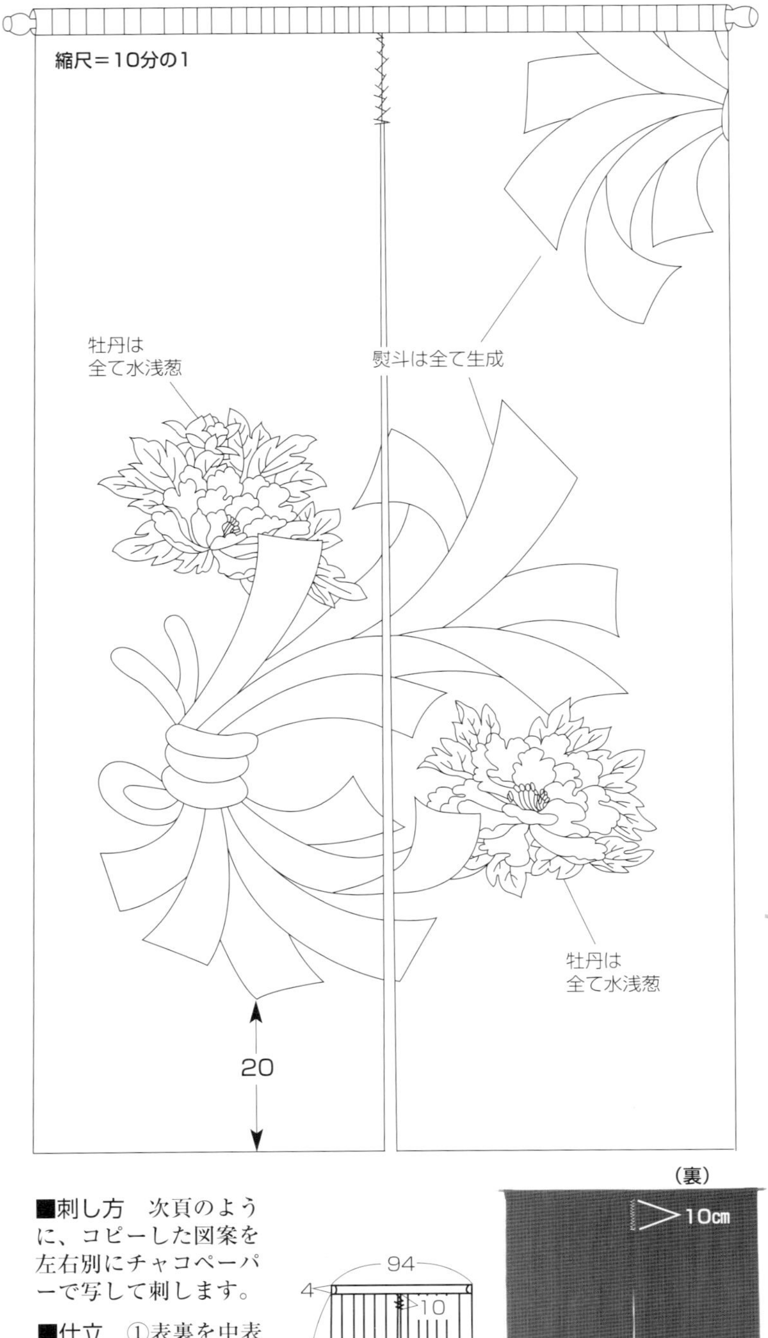

縮尺＝10分の1
牡丹は
全て水浅葱
熨斗は全て生成
牡丹は
全て水浅葱
20

〈あわせ仕立暖簾〉

〔材料〕

〈布〉ヤール幅（98㎝、並厚）で

①紺（152㎝）

②縞（162㎝）

〈縫い糸〉紺1カード

〈刺し子糸〉生成1かせ、水浅葱2カード（実際は1カード強）

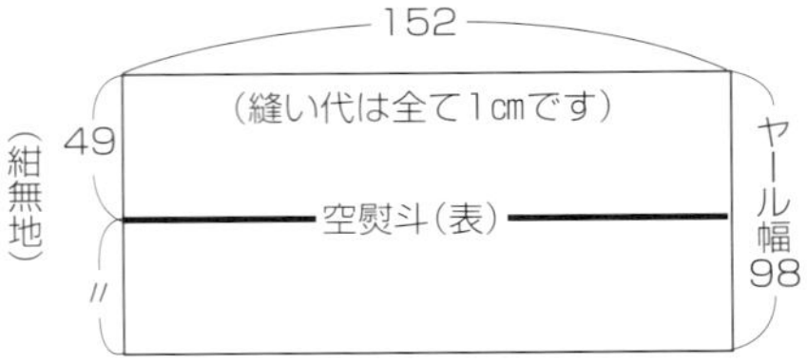

152
（縫い代は全て1㎝です）
49
（紺無地）
空熨斗（表）
//
ヤール幅98

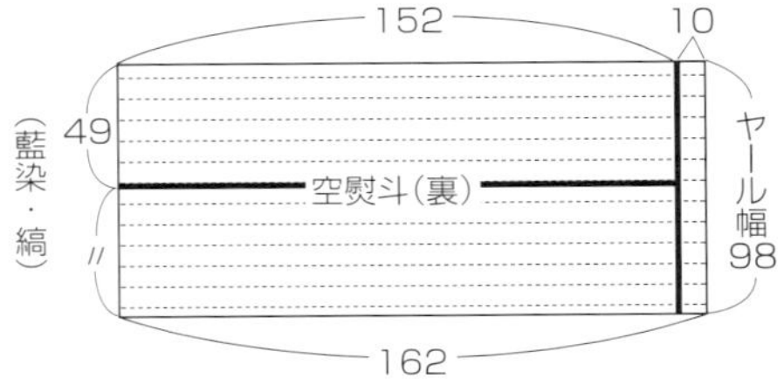

152
10
49
（藍染・縞）
空熨斗（裏）
//
ヤール幅98
162

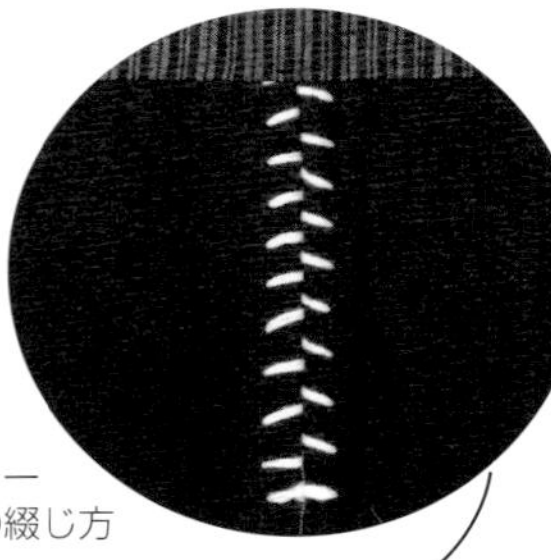

センター
上部の綴じ方

■刺し方　次頁のように、コピーした図案を左右別にチャコペーパーで写して刺します。

■仕立　①表裏を中表に合わせて左右と下部を縫い、それを返す。
②暖簾のセンター上部を綴じつける。(52ページ参照)
③最後に竹通しをつける。(88ページ参照)

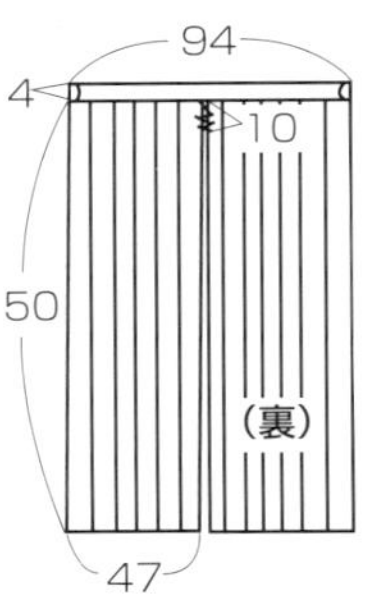

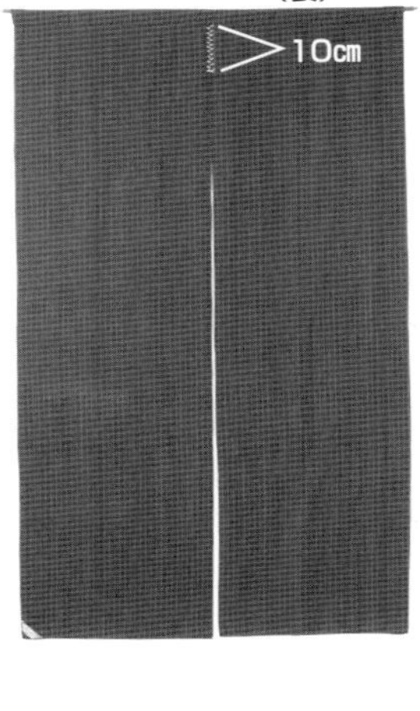

（裏）
10㎝

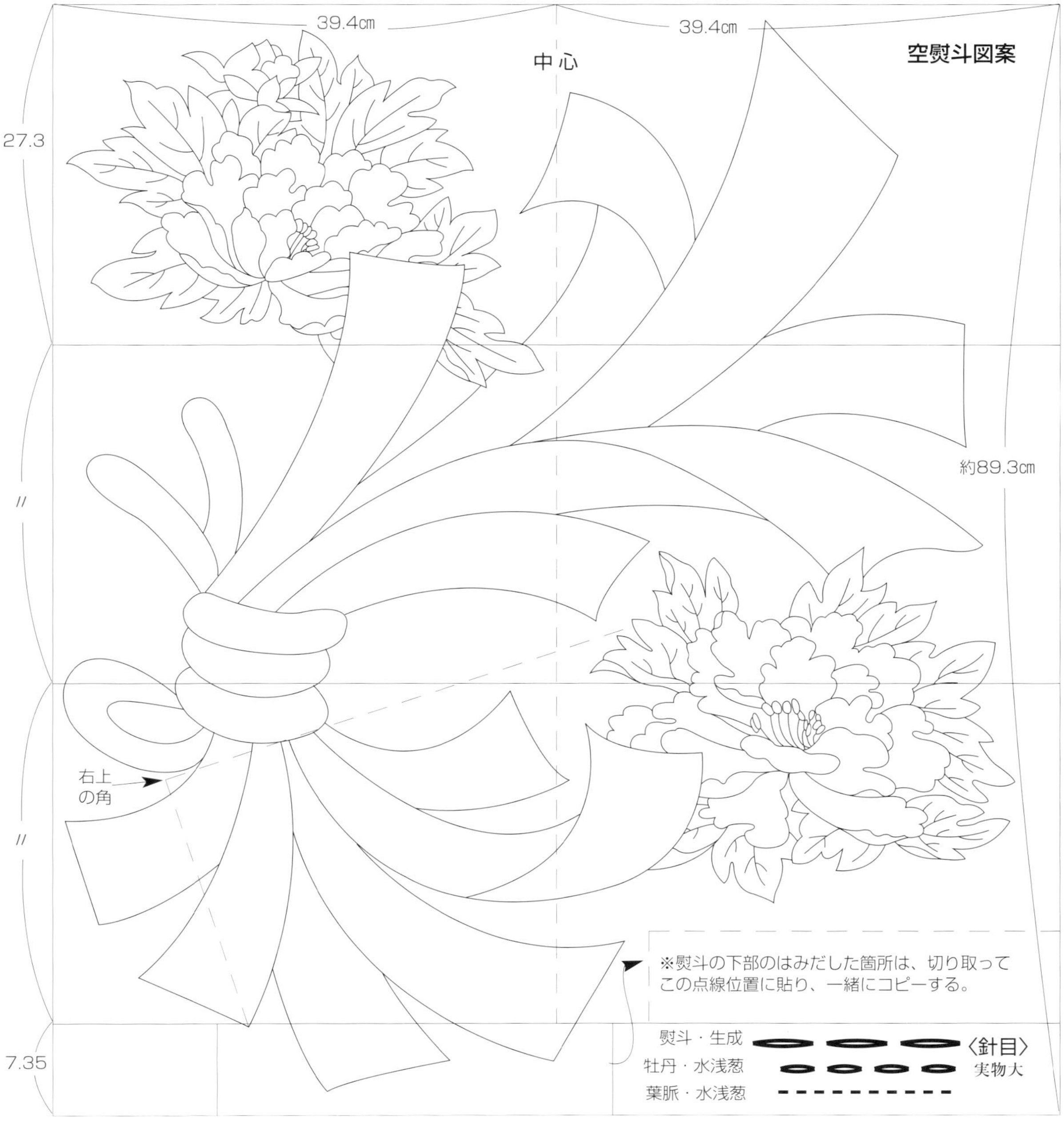
39.4㎝
39.4㎝
中心
空熨斗図案
27.3
約89.3㎝
右上
の角
※熨斗の下部のはみだした箇所は、切り取って
この点線位置に貼り、一緒にコピーする。
7.35
熨斗・生成
牡丹・水浅葱
葉脈・水浅葱
〈針目〉
実物大

■空熨斗拡大の仕方

①上図を横にしてB４用紙で150%拡大する。

②それを６コマに切り取り、下部のはんぱ部分を牡丹の下に貼り、１コマをA３用紙で350%拡大する。

③暖簾上部の熨斗図案は、回転させながら右上角を合わせ、本図より図案の一部を流用して使用する。

（上の牡丹）

（下の牡丹）

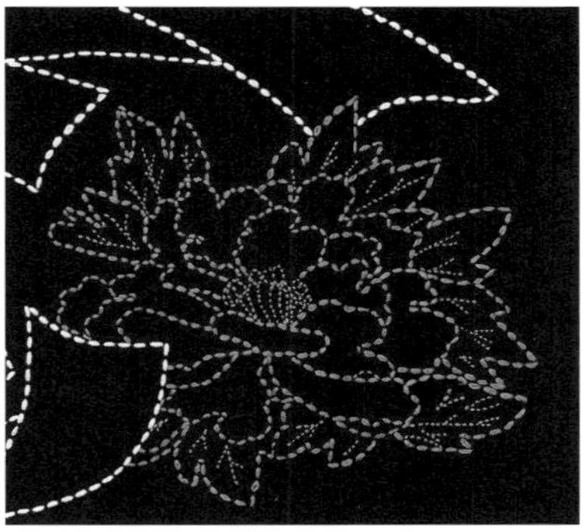

空熨斗乱舞暖簾

からのしらんぶのれん

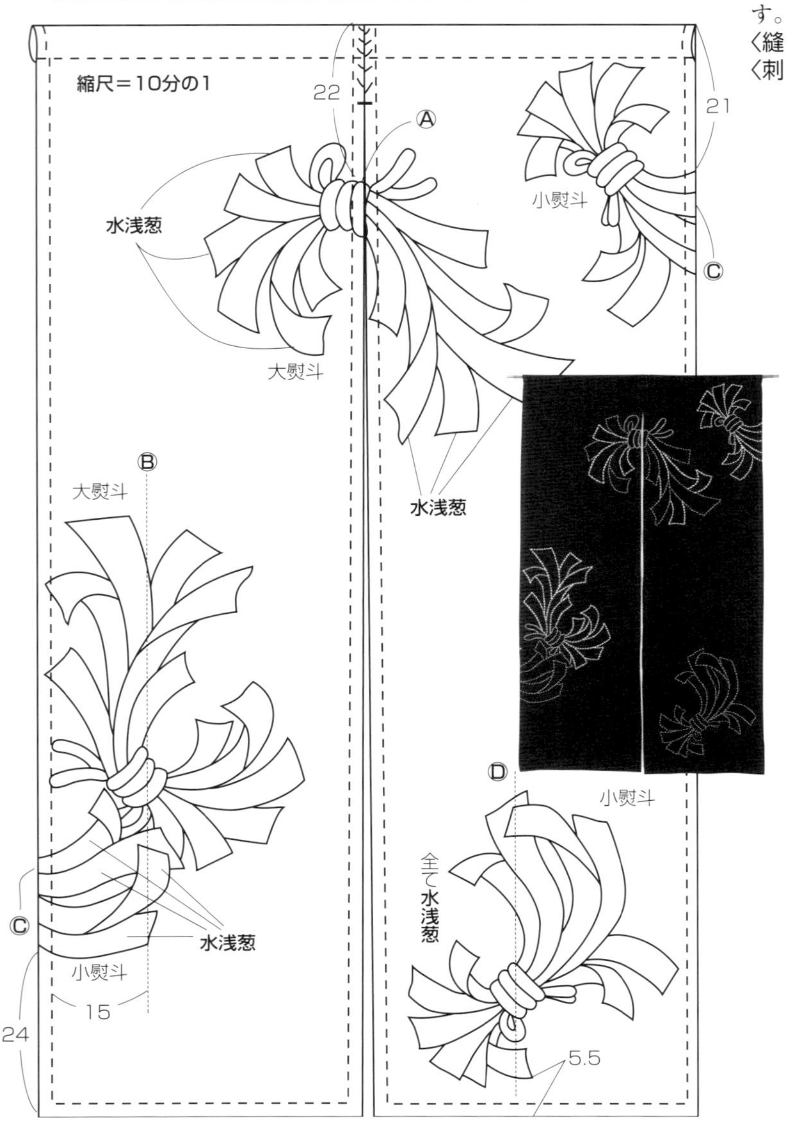

〔材料〕
〈布〉ヤール幅（98㎝）並厚地、紺色で1反（475㎝）の1/3反（約157㎝）
◎ヤール幅は、1反ごとに丈や幅が少々違います。多少は違っていても、布いっぱいで裁つ。
〈縫い糸〉紺1カード
〈刺し子糸〉水浅葱1カード　生成1かせ

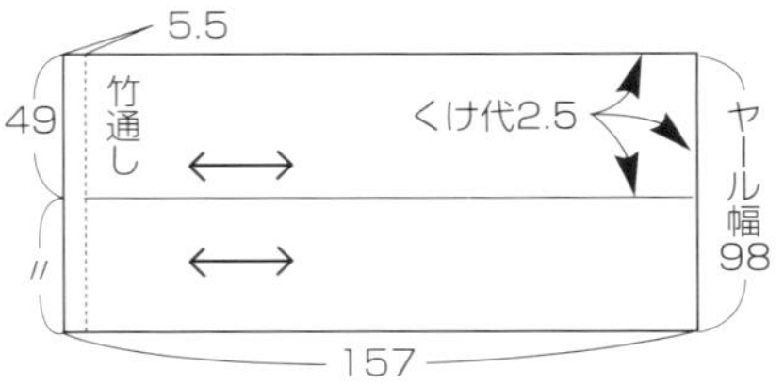

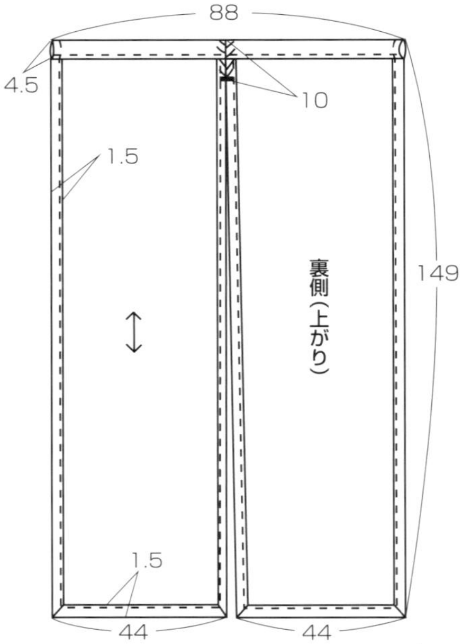

〈角の始末〉（1）
点線のように縫い代2.5㎝分をとる。

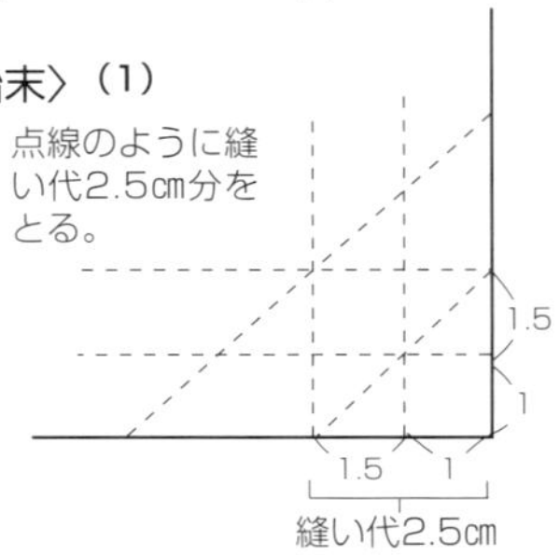

〈中央の綴じ方〉
①玉止めした糸を裏から出し、左右に2度糸を渡して布を合わせてから、②左右の糸の中心を2回まわして綴じ、③そこより第1針が始まる。

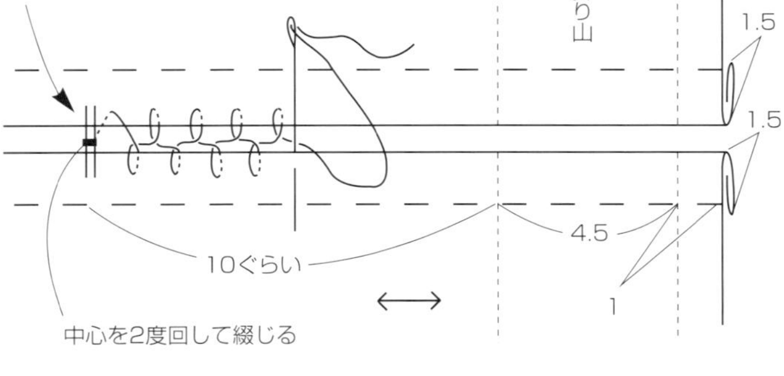

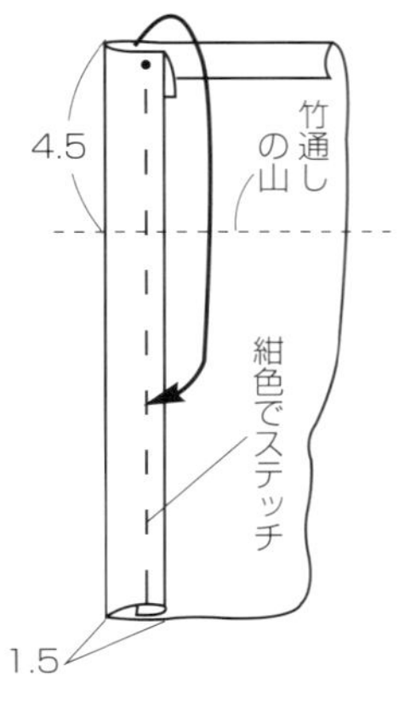

（2）
三角の部分を折り返し、下側を折る。

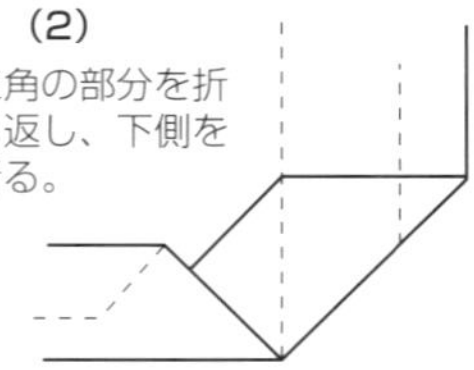

（3）
合わせ目をくける。

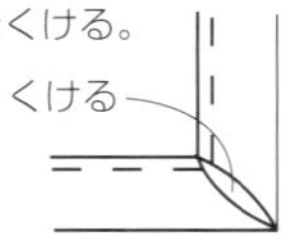

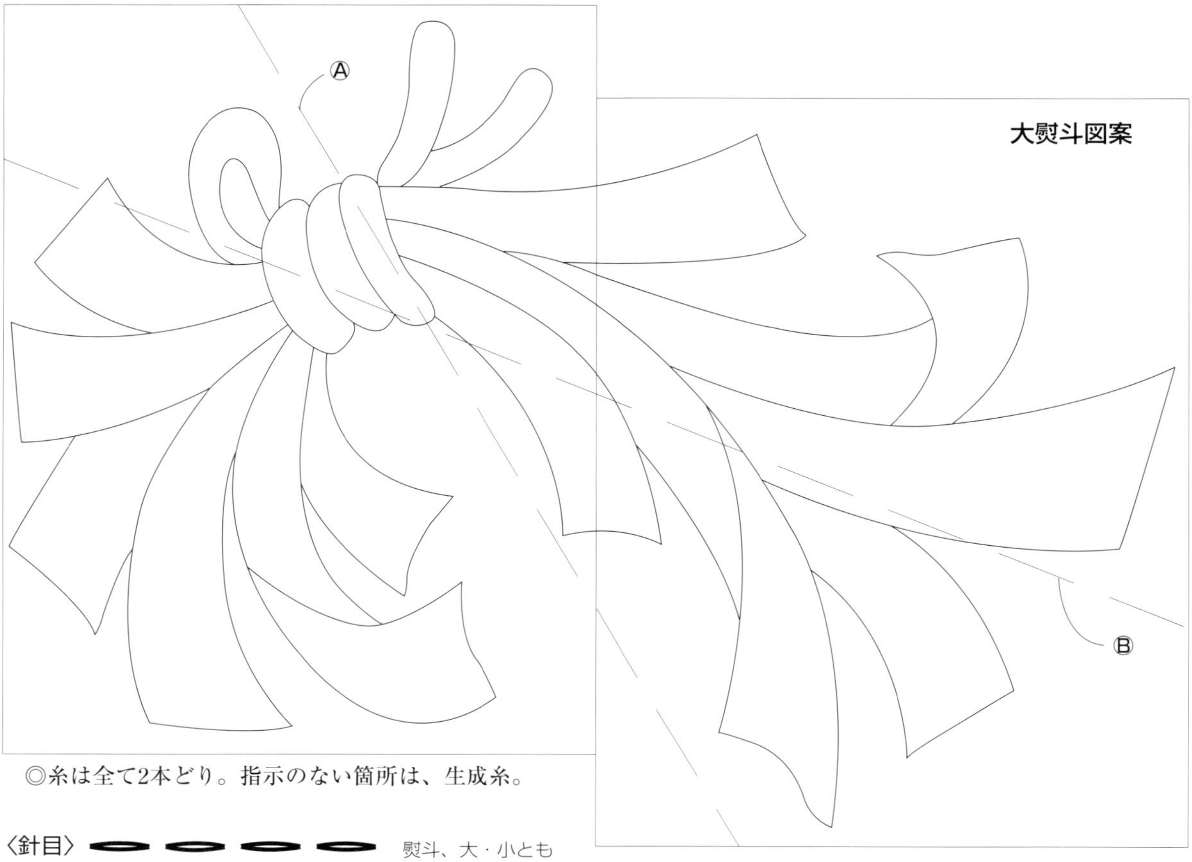

◎糸は全て2本どり。指示のない箇所は、生成糸。

〈針目〉
実物大

熨斗、大・小とも

ひも、大・小とも

■拡大の仕方

①本図をこのままB5でコピーし､外枠の輪郭線で1枚ずつ切り離します。

②一枚ずつを

・大熨斗→B3で335%

・小熨斗→B4で335%

それぞれ拡大する。

③点線A～Dの線に沿って、縫い代分(縫い代は上部の竹通しで10㎝､左右と下部は2.5㎝)をのぞいて､前ページのでき上がり寸法位置を参照して位置決めをし､標をつけます。

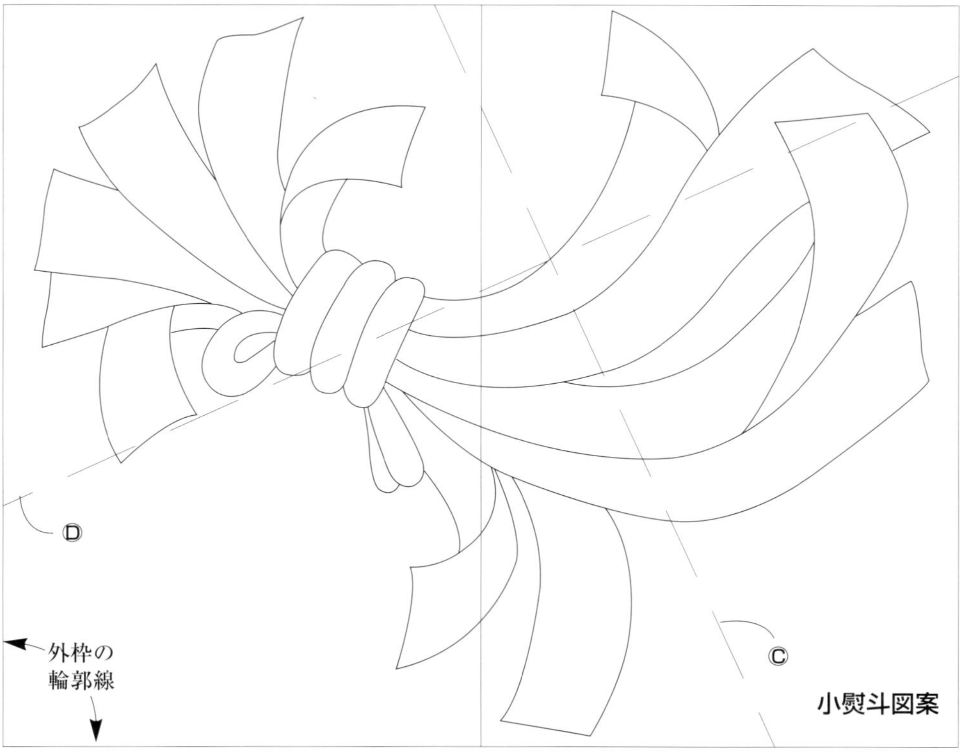

牡丹と囲柄の炬燵掛

口絵カラー8ページ

〔材料〕〈布〉ヤール幅（98㎝）並厚地、薄浅葱または紺色で１反（約450㎝）
〈縫い糸〉刺し子糸と共用
〈刺し子糸〉布地が薄浅葱の場合は紺１かせ（花芯は生成）、紺の場合は生成１かせ
◎生地が薄浅葱色のときは、紺一色の縫い糸と刺し子がきれいです。ただし、花芯には生成を使ってもよいでしょう。

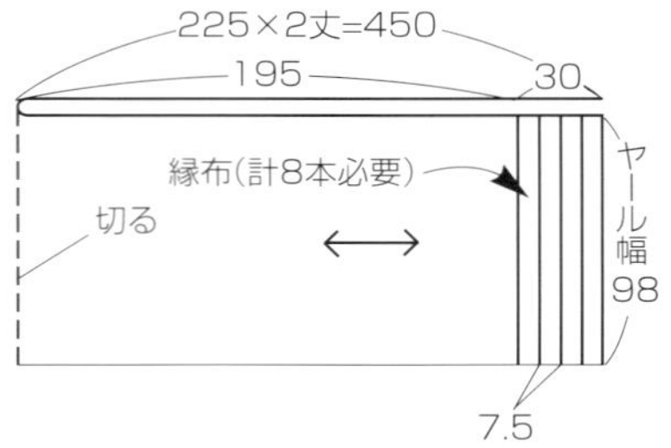

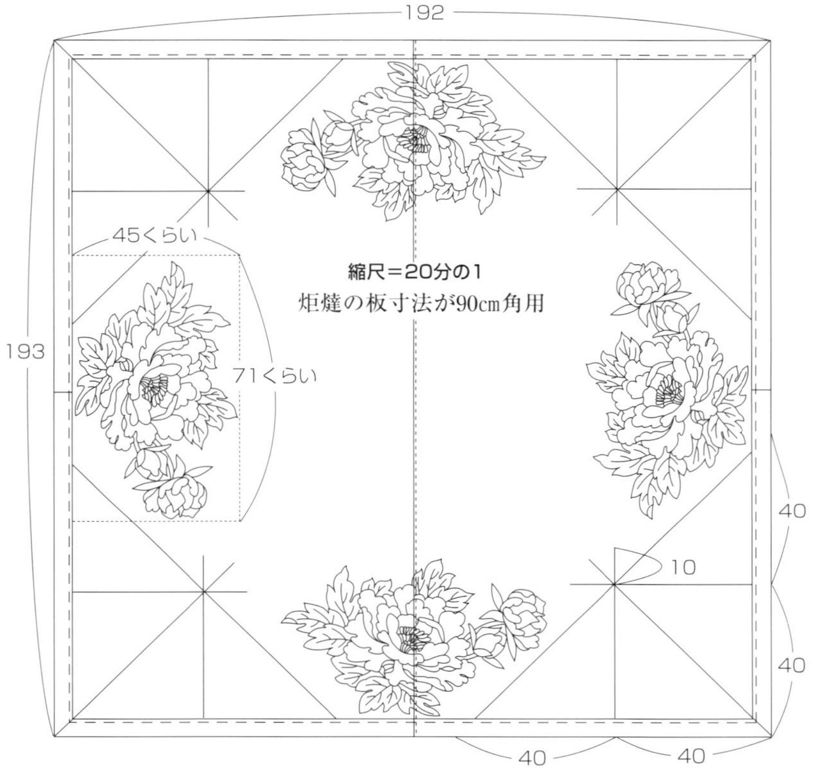

〈縁布・角の始末〉

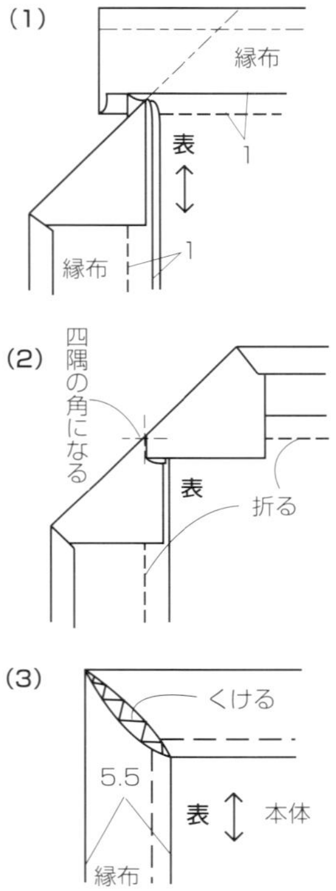

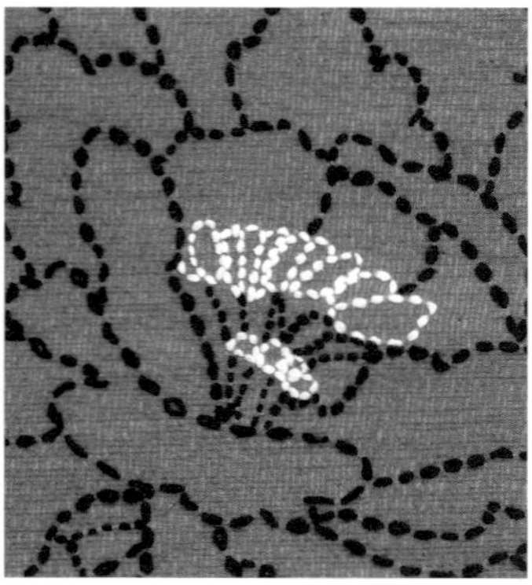

■仕立　縫い代1㎝で中心をはぎ、上図のように縁布をつけ四隅をくけてから、一回り周囲をステッチします。

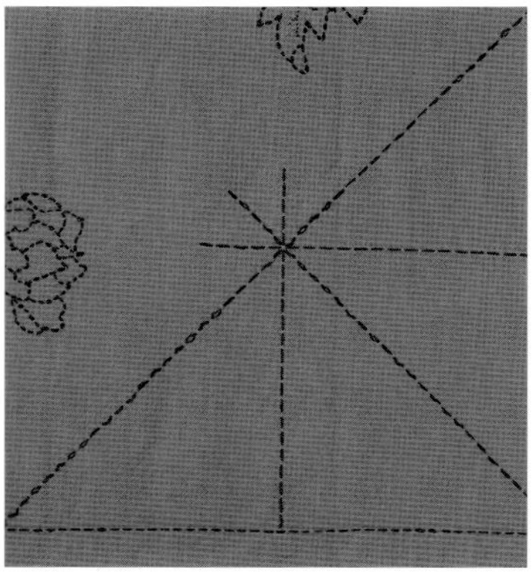

■柄のつけ方

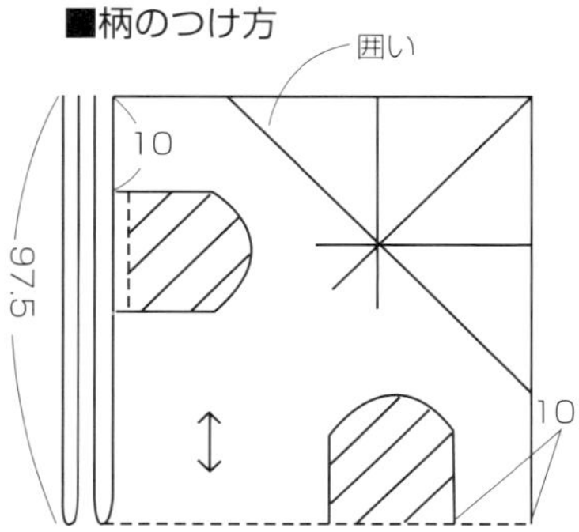

四隅の囲いは４枚合わせて、へらづけします。

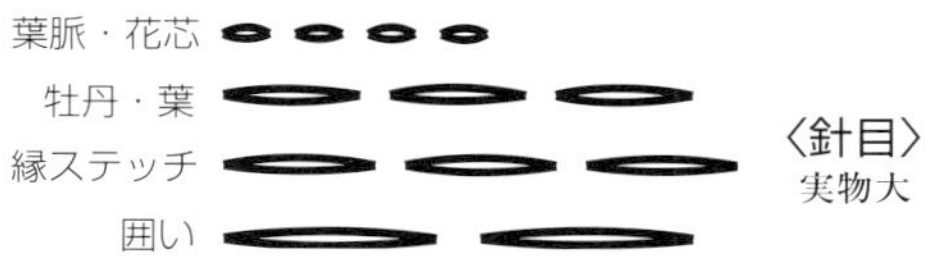

葉脈・花芯
牡丹・葉
縁ステッチ
囲い
〈針目〉
実物大

■牡丹拡大の仕方

このままコピーして、外枠で切り取りそれをB4で230%拡大。さらに縦2コマに切り、それぞれのコマを横にしてB4で217%拡大。

中心

口絵カラー9ページ

八端判 両面柄 蝶と獅子の座布団カバー

この座布団カバーは前ページの炬燵掛とペアで使用するとよいでしょう。

〔材料〕
①広幅（114cm）厚地納戸色で62cm×2枚=124cm
②チャック　50〜55cmくらいで2個
〈縫い糸〉納戸1カード（2枚分）　〈刺し子糸〉水浅葱1カード（2枚分）

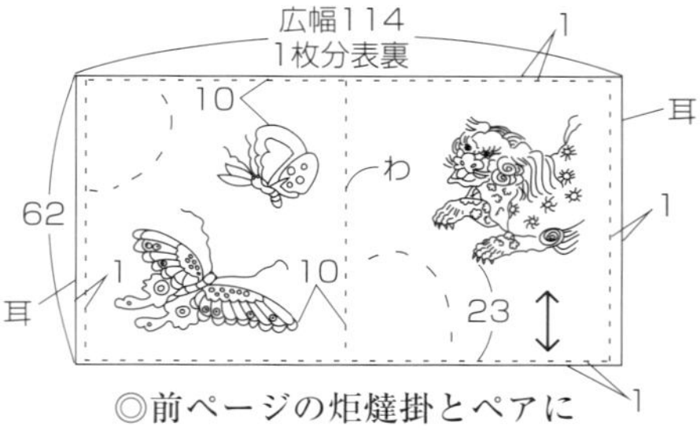

◎前ページの炬燵掛とペアにしないで、単独で使用する場合は、上図の点線の範囲に牡丹を配するのもよいでしょう。同じものが二枚、表・裏の柄違いになっています。

■座布団の知識
①八端判（約60cm×55cm）客布団用
②銘仙判（約56cm×53cm）普段使い
中綿は上記どちらも市販品があります。中綿がある場合は、布を引っ張って測り、何判かを調べてください。

〈針目〉実物大

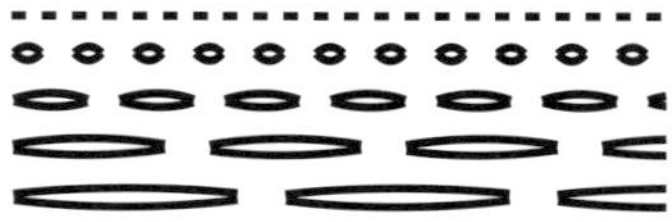

上記は実物大の針目ですが、適宜モチーフなどによって使い分けましょう。

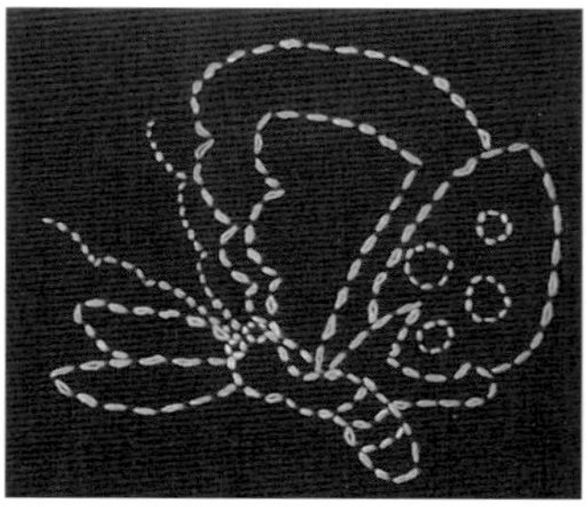

〈チャック〉

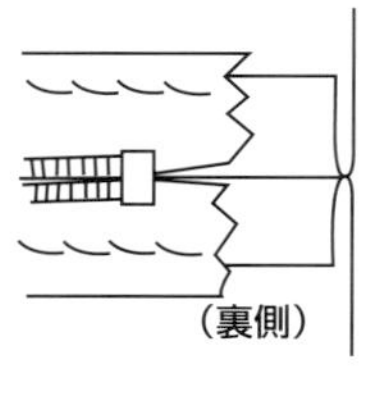
（裏側）

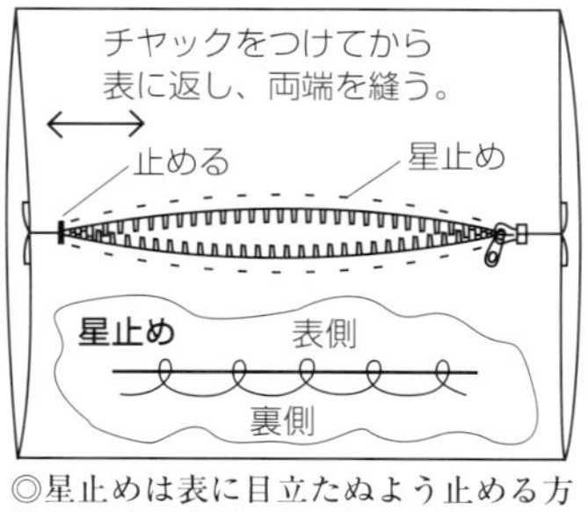
チヤックをつけてから
表に返し、両端を縫う。
止める
星止め
星止め
表側
裏側

◎星止めは表に目立たぬよう止める方法で、布の表面に目が星のようにでるのでこの名があります。

■拡大の仕方
このままコピーし、A～Dまでそれぞれ点線の箇所で切り取り、A～CまではB4で380%に拡大、DはA3で380%に拡大。

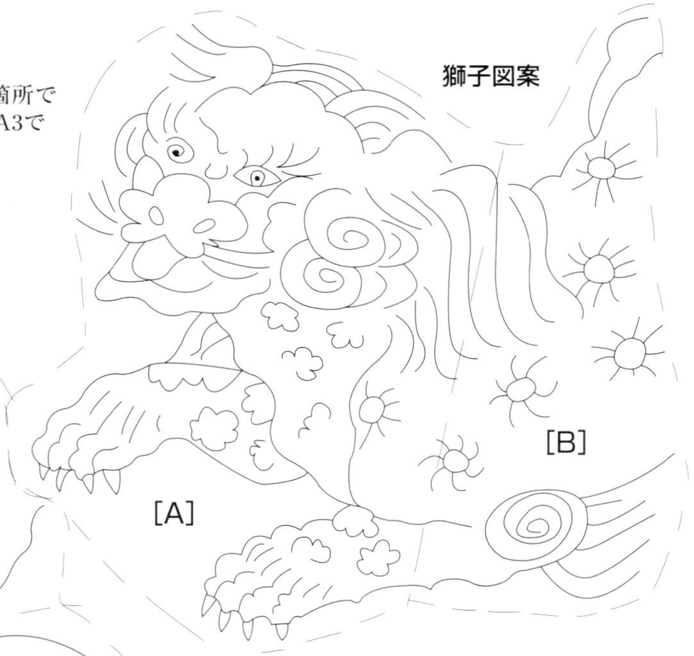

獅子図案
[A]
[B]

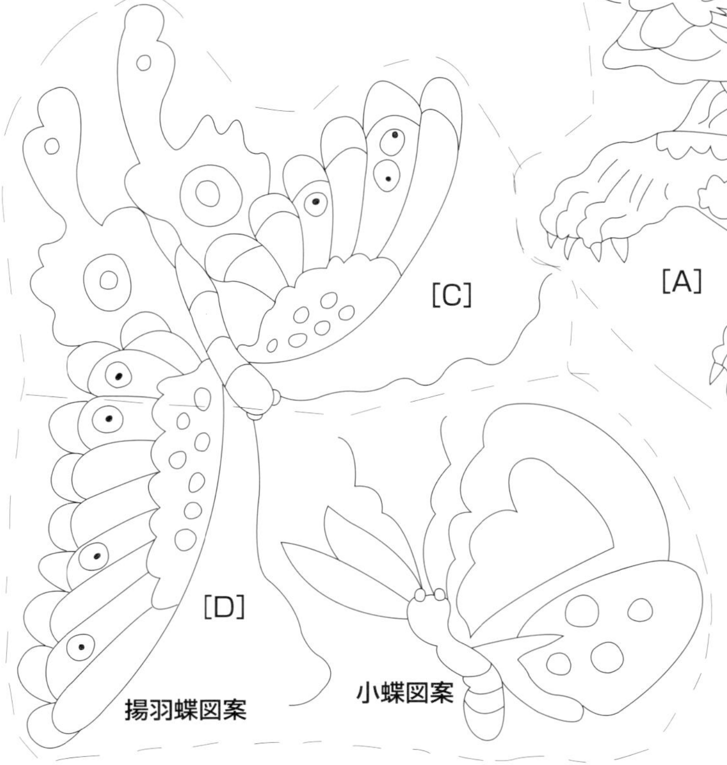

[C]
[D]
揚羽蝶図案
小蝶図案

テーブルセンター二種

口絵カラー18ページ

〈長牡丹のテーブルセンター〉

〔材料〕のれん幅（45㎝）厚地納戸色で113㎝　〈縫い糸〉納戸1カード　〈刺し子糸〉生成1かせ

4
縮尺＝10分の1
4
5.5位
5.5位

■長牡丹・拡大の仕方
①下図をコピーし、それをB4で200%拡大する。②次に点線の箇所で3コマに切り離し、それを2コマと1コマに分けて、それぞれをB4で330%拡大する。

耳
45
1 三つ折り
裏側
耳
109

[A]
[B]
長牡丹
[C]

〈長熨斗のテーブルセンター〉
〔材料〕のれん幅（45cm）厚地納戸色で121cm　〈縫い糸〉納戸1カード　〈刺し子糸〉生成1かせ

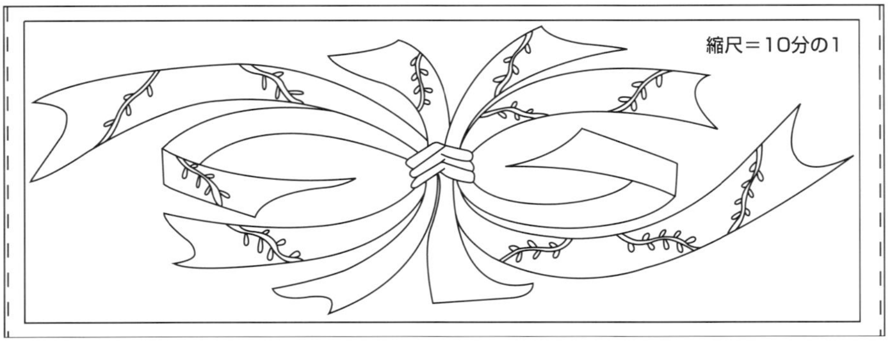

縮尺＝10分の1

■長熨斗・拡大の仕方
①下図をコピーし、それをA3で265％拡大する。
②次に点線の箇所で4コマに切り離し、それぞれ1コマごとにA3で278％拡大する。

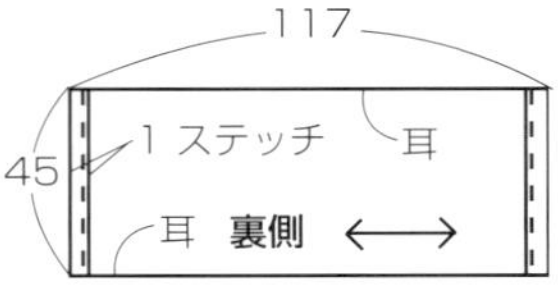

117
45
1ステッチ
耳
耳
裏側

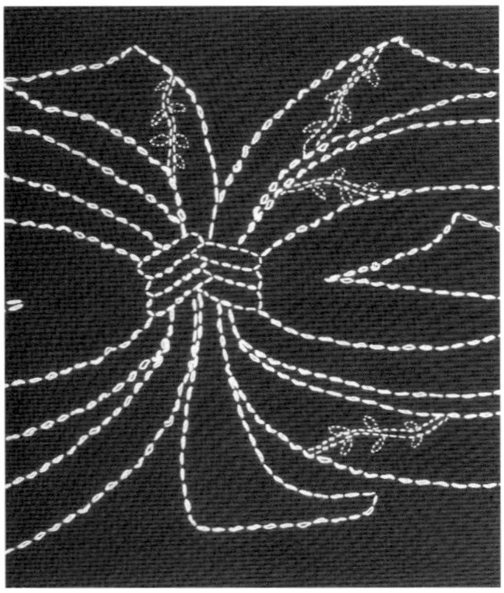

〈実物大・刺し子の針目〉
テーブルセンター二種とも共通です。

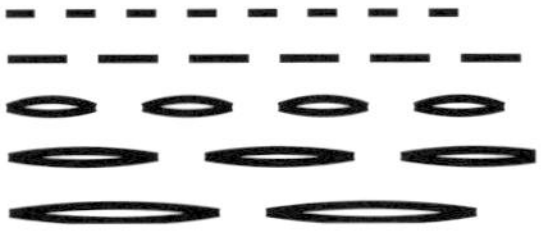

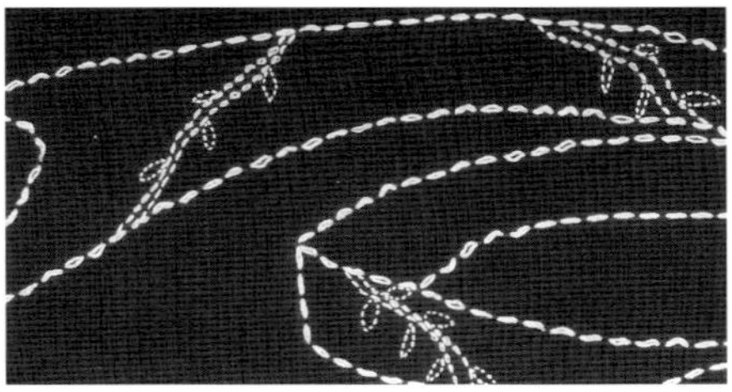

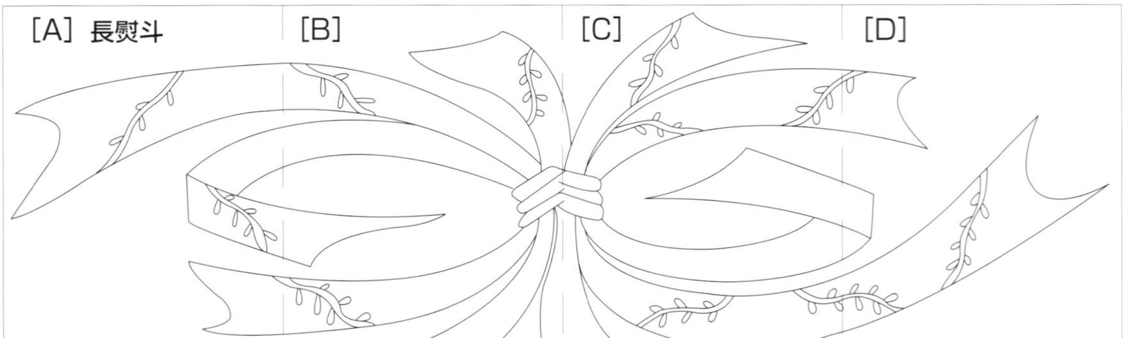

[A] 長熨斗
[B]
[C]
[D]

94cm角 熨斗中心の風呂敷

〔材料〕ヤール幅（98cm）並厚地紺色で99cm
〈縫い糸〉納戸1カード
〈刺し子糸〉生成1かせ

縮尺＝20分の1

94
～
95
94

◎布丈は、幅と同寸に取ろうとすると目減りすることが多いです。そのため、幅より1～2cm多めに丈を取ることが正方形仕立てのコツです。

■拡大の仕方
下の図案をコピーしてA3で180%に拡大し、それぞれ12コマに切り離す。
それを1コマずつB4で333%拡大する。

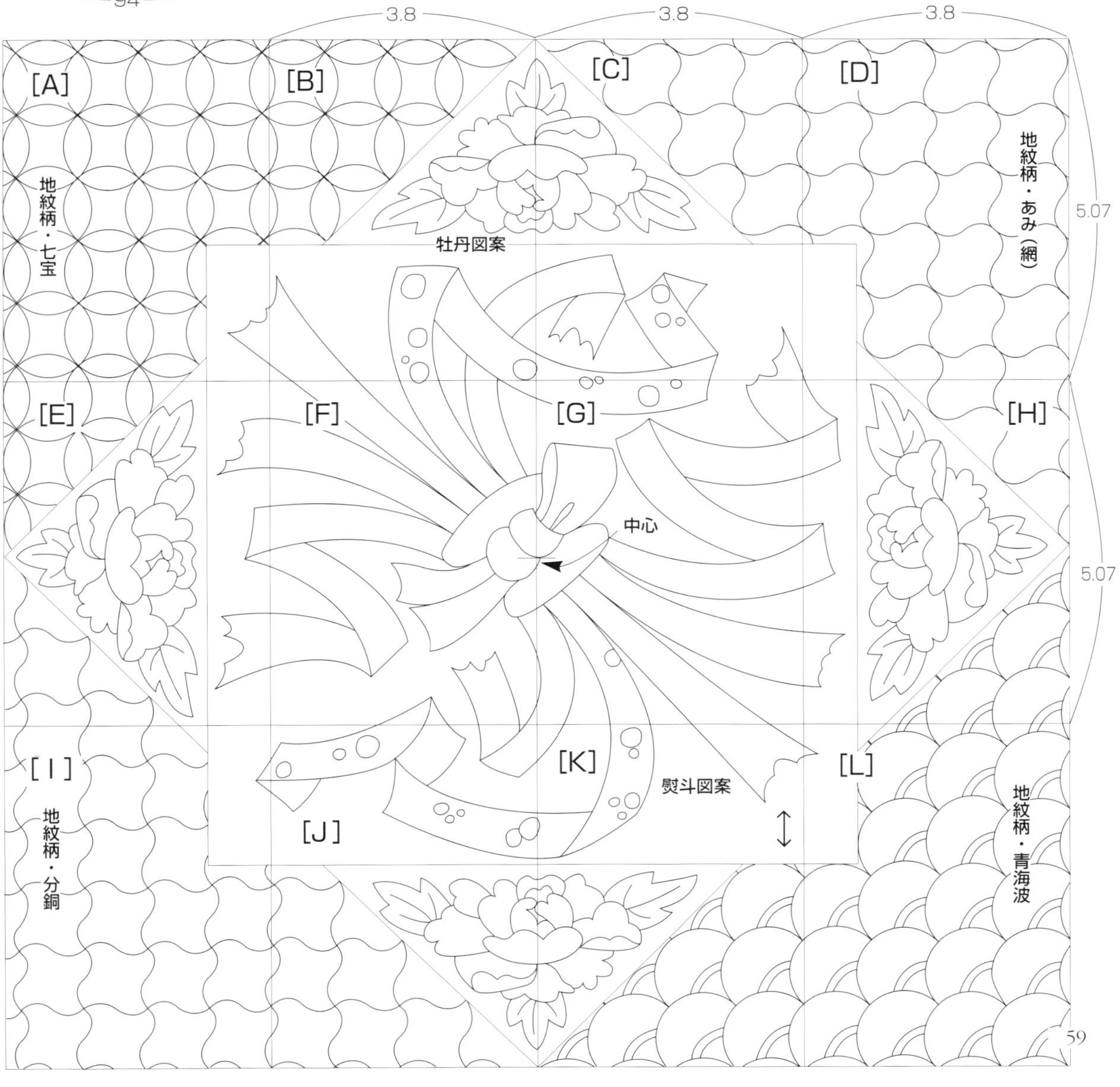
3.8
3.8
3.8
[A]
[B]
[C]
[D]
地紋柄・七宝
地紋柄・あみ（網）
5.07
牡丹図案
[E]
[F]
[G]
[H]
中心
5.07
[I]
[J]
[K]
[L]
熨斗図案
地紋柄・分銅
地紋柄・青海波

◎数字は本図の原寸

■図案の写し方
布を四つ折りにして、その中に各柄が収まるよう、加減して柄区分してください。

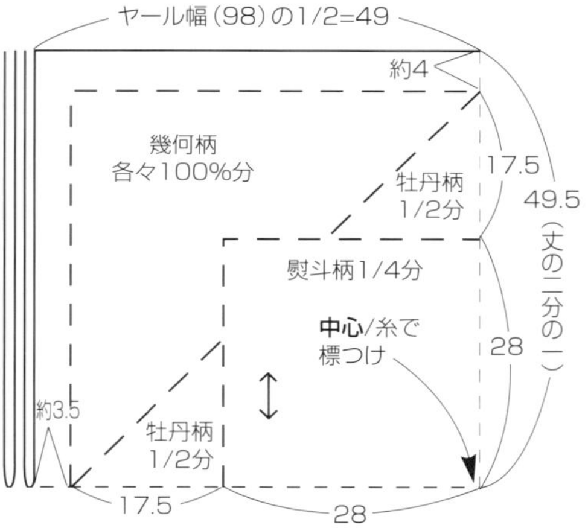

ヤール幅(98)の1/2=49
約4
幾何柄
各々100%分
牡丹柄
1/2分
17.5
49.5
(丈の二分の一)
熨斗柄1/4分
中心/糸で
標つけ
28
約3.5
牡丹柄
1/2分
17.5
28

〈角の始末〉

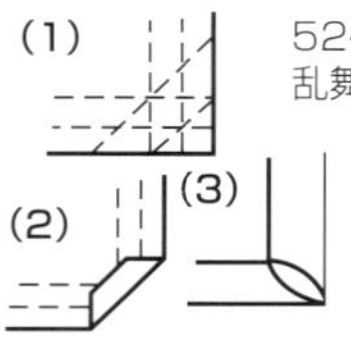

(1)
(2)
(3)

52ページ「空熨斗乱舞暖簾」を参照

0.7~1(三つ折り)
裏側
まつり、またはくける
(ステッチも可)

〈針目〉
実物大

青海波
分銅
牡丹
熨斗
水玉

110cm角 牡丹唐草の風呂敷 口絵カラー11ページ

〔材料〕広幅(114cm)厚地紺色で115cm
〈縫い糸〉納戸1カード
〈刺し子糸〉黄、黄緑、黒、ねずみ、赤、オレンジ各1カード

110
110
縮尺=20分の1

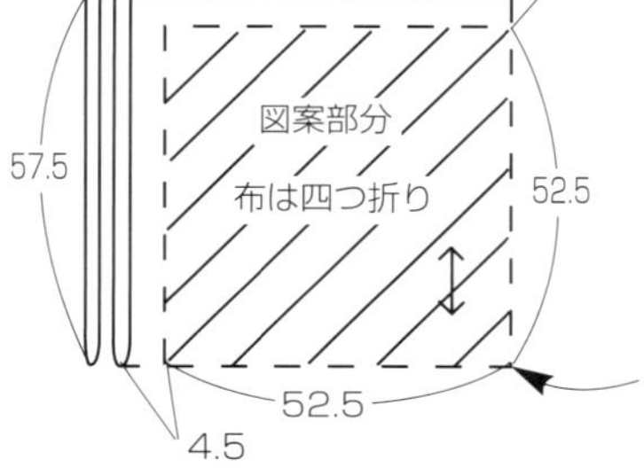

57
5
57.5
図案部分
布は四つ折り
52.5
52.5
4.5
中心
糸で標つけ

■図案の写し方
布を四つ折りにして、柄にあたる部分をへらで標づけします(4重で)。その後、標をつけた中にうまく柄が収まるよう、一枚ずつチャコペーパーで柄を写します。
◎裏の縫い方は60ページ上段を参照してください。

〈針目〉実物大

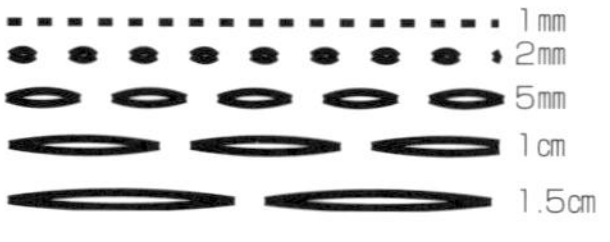

1mm
2mm
5mm
1cm
1.5cm

◎針目は随所で使い分ける。

〈針目〉
実物大

茎　葉脈　唐草　牡丹

■拡大の仕方
下の図案をコピーして外回りを切り取り、A3で170%に拡大し、それぞれ12コマに切り離す。
　それを1コマずつ横にして、A3で396%に拡大する。

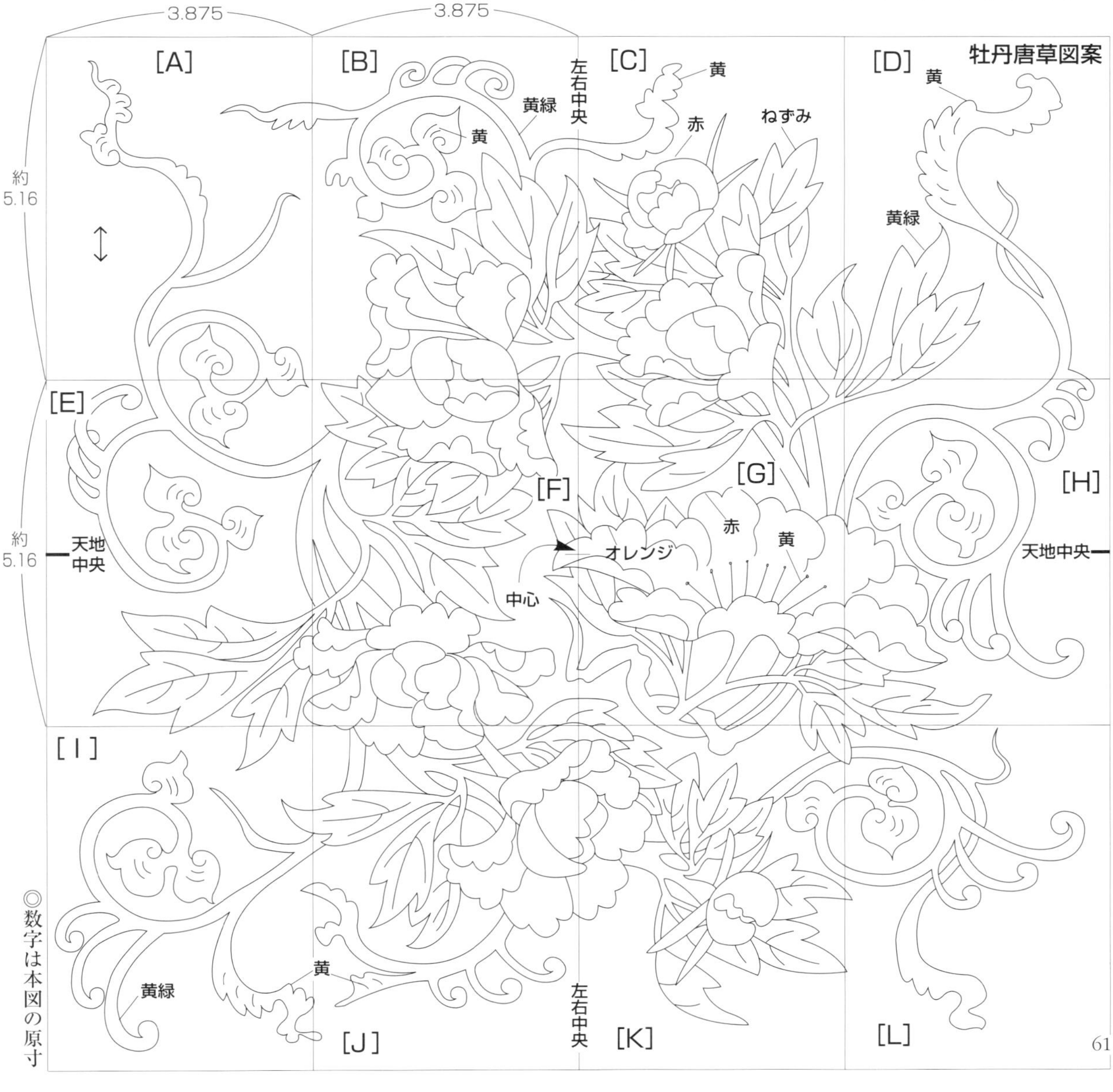

◎数字は本図の原寸

縦横使える **牡丹唐草の掛物兼敷物** 口絵カラー14ページ

〔材料〕
①表地、洋服幅（32㎝）厚地の納戸色で116㎝（縁布の色が黄色でも紫でも同じ）
②上下のあて布、洋服幅（32㎝）厚地の薄浅葱色で18㎝（縁布が黄、紫共に同じ）
③裏と縁、のれん幅（45㎝）厚地の草木染布で154㎝（草木染めの黄と紫をそれぞれに使用）
〈縫い糸〉紺1カード（ステッチも共用）
〈刺し子糸〉黄の縁の場合=生成1かせ、紫の縁の場合=紫1かせ

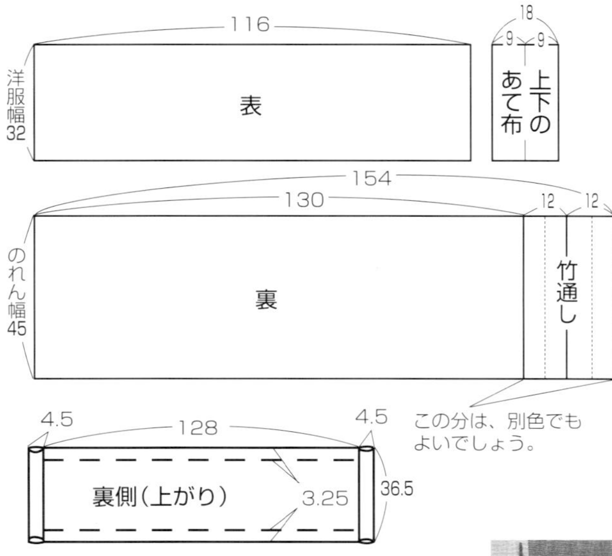

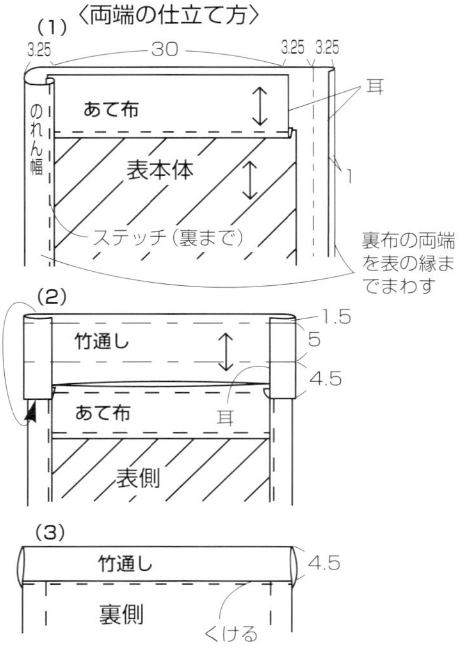

※縫い代表示の記載がないところは全て1㎝

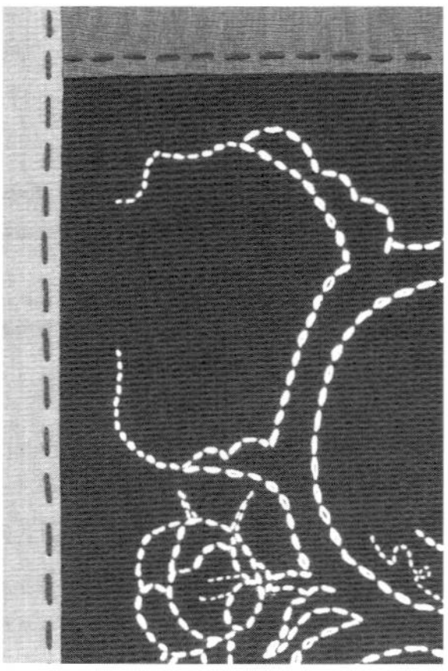

◎この牡丹唐草の掛物兼敷物は、用途によって床の間の掛物にも、また居間や食堂のテーブルセンターにもなり、アイディア次第でいろいろに使うことができます。

図案は同一でも縁周りの色と刺し子の色糸を変えることによって、部屋の調度や雰囲気に調和させることができます。本書では、縁布の色を黄と紫、刺し子糸を生成と紫の二種で制作してありますので、色調の参考にしてください。

■拡大の仕方
右図をこのままコピーして外枠の輪郭線で切り取り、B4で148%拡大する。
　それを点線の箇所で5コマに切り分け、それぞれのコマをB4で324%拡大する。

■図案の写し方
柄は両端を1cmくらい残して、約22cmごとに標をつけていく。

36.5
5
127
5
縮尺＝10分の1

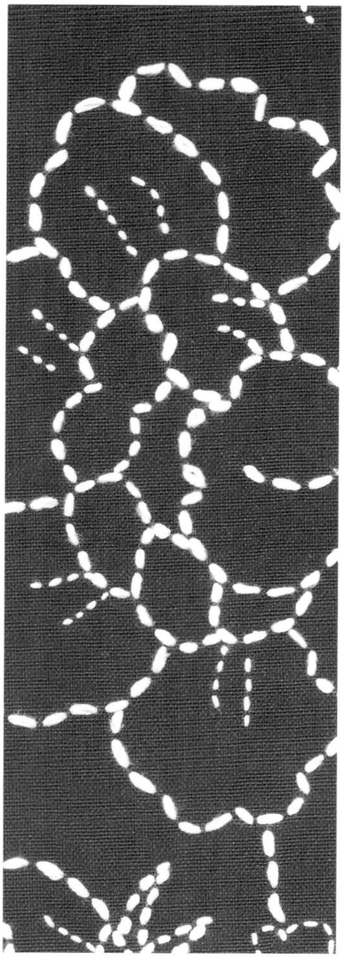

刺し子の針目は左の写真および以下の針目を参考にして、随所に使い分ける。

〈針目〉
実物大

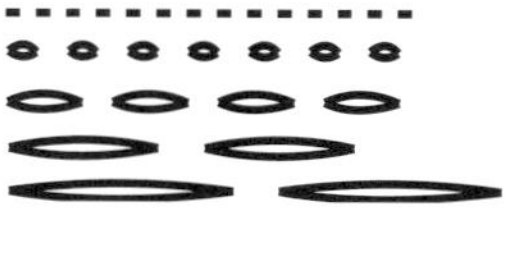

牡丹唐草図案

三花競艶タピストリー

みつばなきょうえん

口絵カラー15ページ

〔材料〕
〈布地〉①表地…のれん幅（45㎝）厚地の草木染布で紫、黄、こげ茶各1枚の計3枚。34㎝×3枚（各色1枚）　②縁布（遊び渦巻柄）…洋服幅（32㎝）厚地の納戸色プリント布で100㎝　③裏地…ヤール幅（98㎝）並厚地の紺色で98㎝
〈縫い糸〉紺1かせ（各花の刺し子糸とも共用）
〈刺し子糸〉各花…紺1かせ（縫糸と共用）　縁の刺し子…水浅葱1かせ
注）プリント柄は反復しているので、切り口によりその都度少々柄が違います。

〈用布・裁ち方1〉

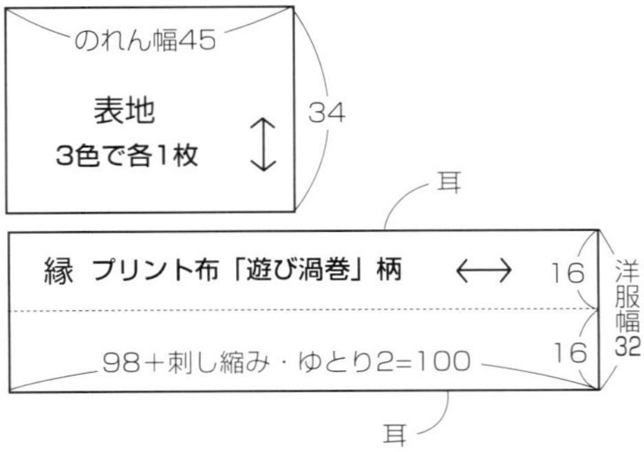

のれん幅45
表地
3色で各1枚
34
耳
縁　プリント布「遊び渦巻」柄
16
16
洋服幅32
98＋刺し縮み・ゆとり2=100
耳

〈用布・裁ち方2〉

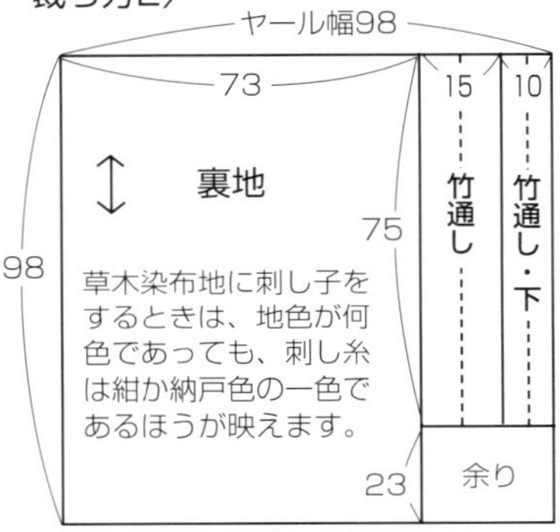

ヤール幅98
73
15
10
裏地
竹通し
竹通し・下
75
98
草木染布地に刺し子をするときは、地色が何色であっても、刺し糸は紺か納戸色の一色であるほうが映えます。
23
余り

表からステッチ
表
0.5
1㎝で三つ折り

6.5
仕立ては耳が外側
95
4

縮尺＝10分の1

〈裏の始末〉

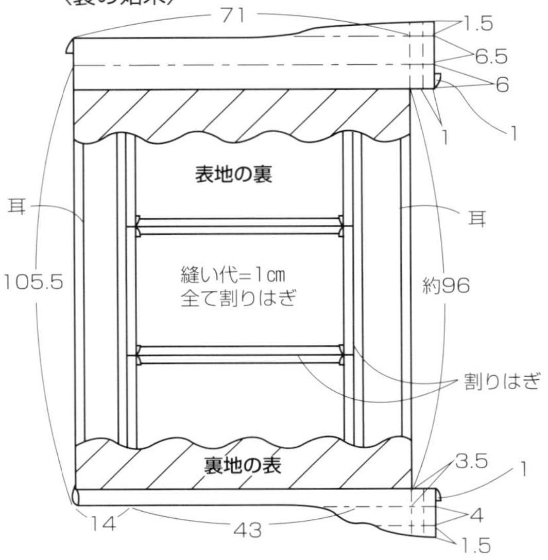

71
1.5
6.5
6
1
1
表地の裏
耳
耳
105.5
縫い代=1㎝
全て割りはぎ
約96
割りはぎ
裏地の表
3.5
1
14
43
4
1.5

■拡大の仕方　下図をこのままコピーして外枠の輪郭線で切り取り、B4で400%拡大する。それを3コマに切り分け、それぞれのコマを縦半分に折って、B4で153%に拡大する。これを6回繰り返す。

◎この縁布の柄はプリント布を使用すれば早いですが、手描きしたいときは、①下の図をコピー後、B4で300%拡大する。
②それを点線の箇所で4コマに切り分け、それぞれのコマをB4で333%拡大する。
注）総刺しは刺し縮みが予想されるため、必要寸法より多めに丈を取ります。

中央の点線で折ってコピー
桜（紫地）
牡丹（黄地）
菊（こげ茶地）
31.3
43

菊

縁・遊び渦巻部分

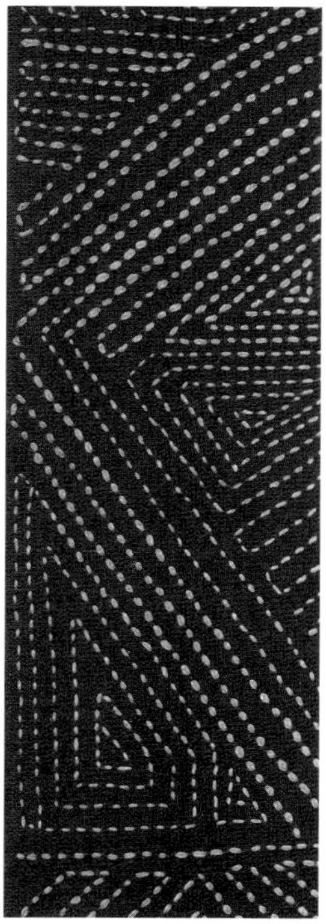

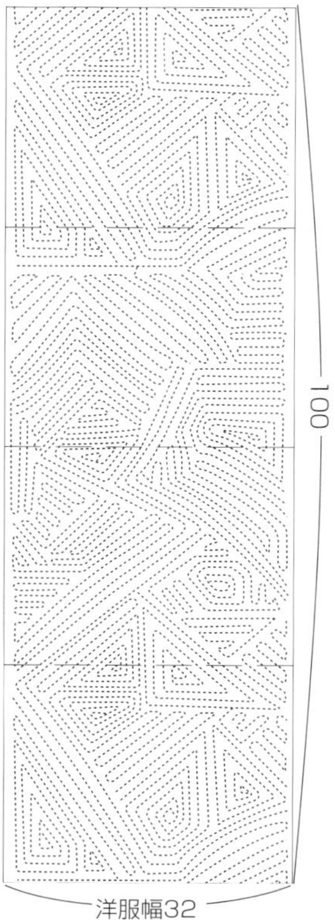

100
洋服幅32

縁・遊び渦巻柄／縮尺＝10分の1

桜

牡丹

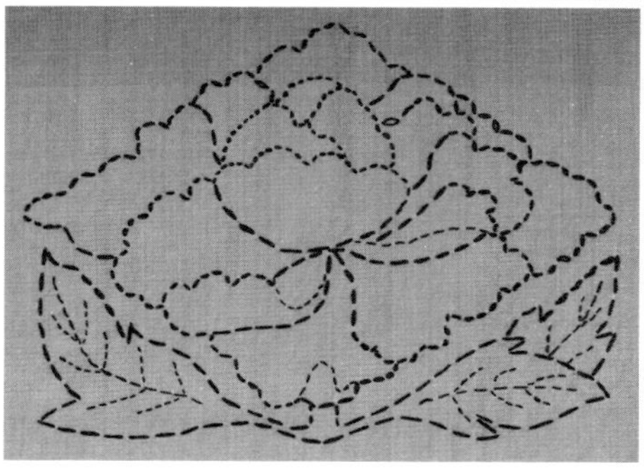

ペアーで 熨斗に紗綾形ベッドカバーⅠ

口絵カラー16ページ

（約203cm×約141.5cm）

〔材料〕
〈布地〉①表地…広幅（114cm）厚地納戸色で138cm
②縁布（紗綾型柄）…並幅（37cm）厚地のプリント布納戸色440cm（余裕6cm含む）
〈縫い糸〉納戸1カード
〈刺し子糸〉熨斗…生成1かせ、桃、黄緑、濃緑各1カード　縁…薄浅葱2かせ（2本どり）

〈裏側でき上がり〉 裏側の縫い方は69ページ参照

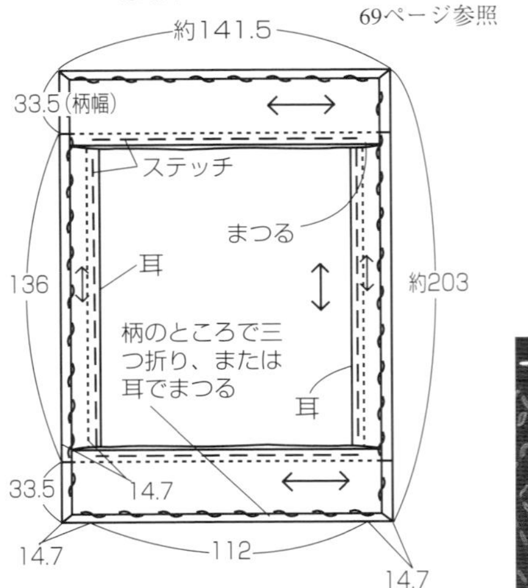

約141.5
33.5（柄幅）
ステッチ
まつる
耳
136
約203
柄のところで三つ折り、または耳でまつる
耳
33.5
14.7
14.7
112
14.7

〈紗綾型（プリント布）裁ち方〉

A+B=434cm+（刺し縮み他6cm）=440cm

148×2（上下で使う）=296 A
並幅37
切る
左右両側
（上の1枚を半分ずつに使う）
切る
10
138 B

■縁の紗綾型の刺し方
布全体を刺してから、下絵落としと布の縮みを補正するため、一度洗います。その後、上図のように裁ちます。（裁ち目のままで縫えます）

◎この紗綾形は、いちいち手で柄置きするのは大変ですので、市販のプリント柄を使用した方がよいでしょう。どうしても自分でやりたい場合は、下の図を参考に柄置きしてみてください。

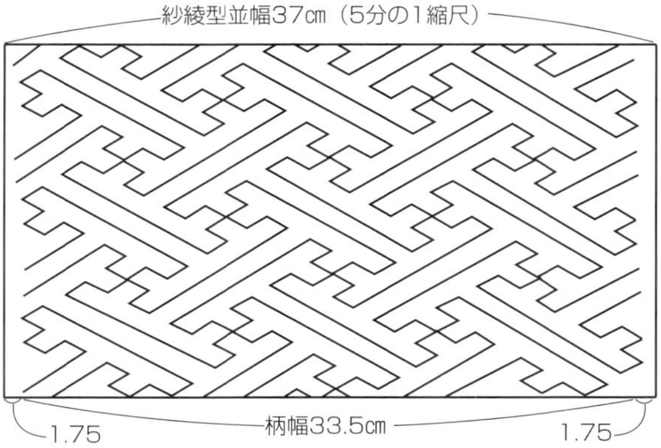

〈熨斗図案を写す〉

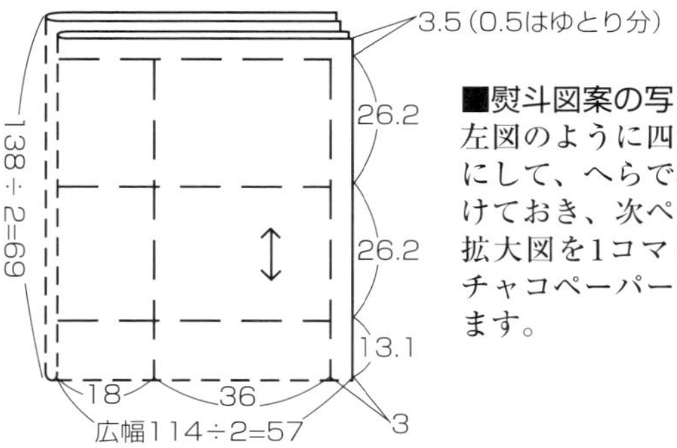

■熨斗図案の写し方

左図のように四つ折りにして、へらで標をつけておき、次ページの拡大図を1コマごとにチャコペーパーで写します。

〈実物大・刺し子の針目〉

随所で使い分けてください。

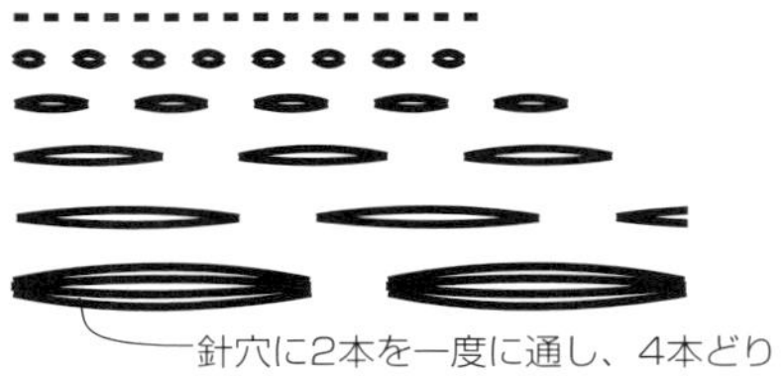

針穴に2本を一度に通し、4本どり

〈応用1〉あて布をつけたい場合

〔材料〕並幅（37cm）厚地の納戸で75cm

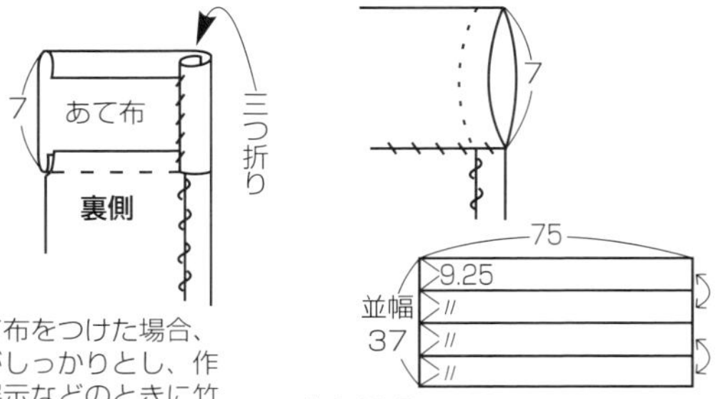

あて布をつけた場合、端がしっかりとし、作品展示などのときに竹通しにもなる。

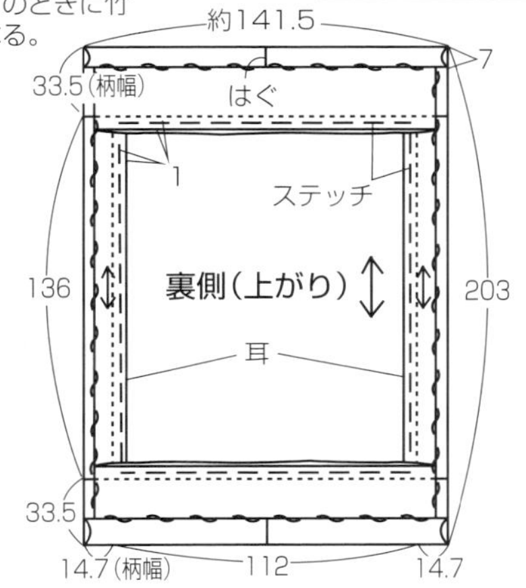

〈応用2〉裏をつけたい場合

〔材料〕広幅（114cm）厚地の生成で340cm

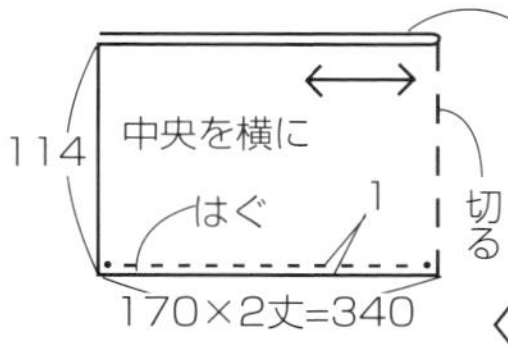

裏布の方が広いので、表まで包み込むようにまわして縁布状にします。

〈角の始末〉

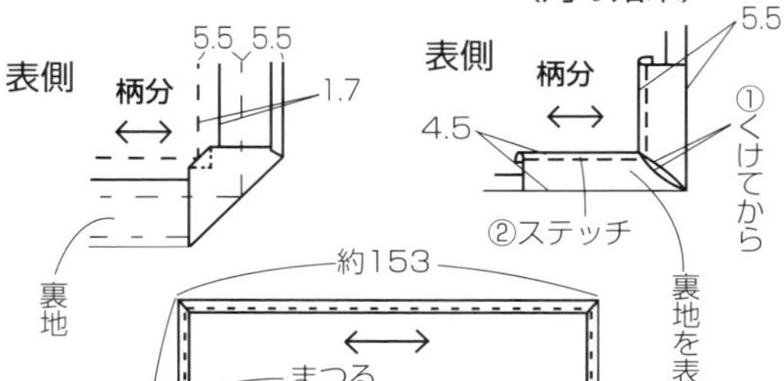

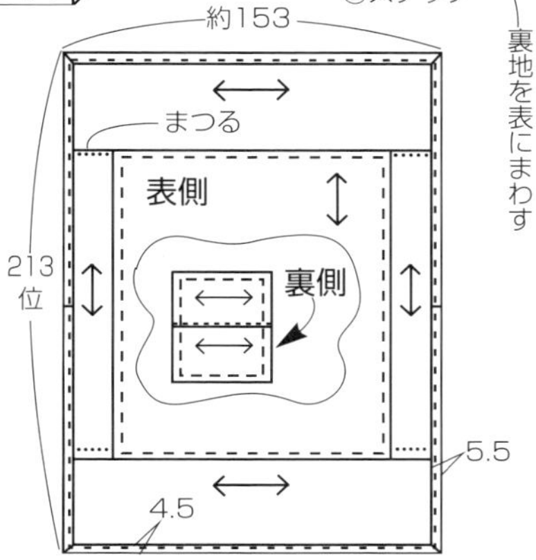

■熨斗の刺し方
前ページのように四つ折りして、1コマごとの線をへらで標つけをし、図案をチャコペーパーで写して刺します。

■熨斗柄・拡大の仕方
下の図案を横にしてコピーし、それをA3で180%拡大する。次に点線の箇所で15コマに切り離し、それぞれ1コマごとにA3で400%拡大する。

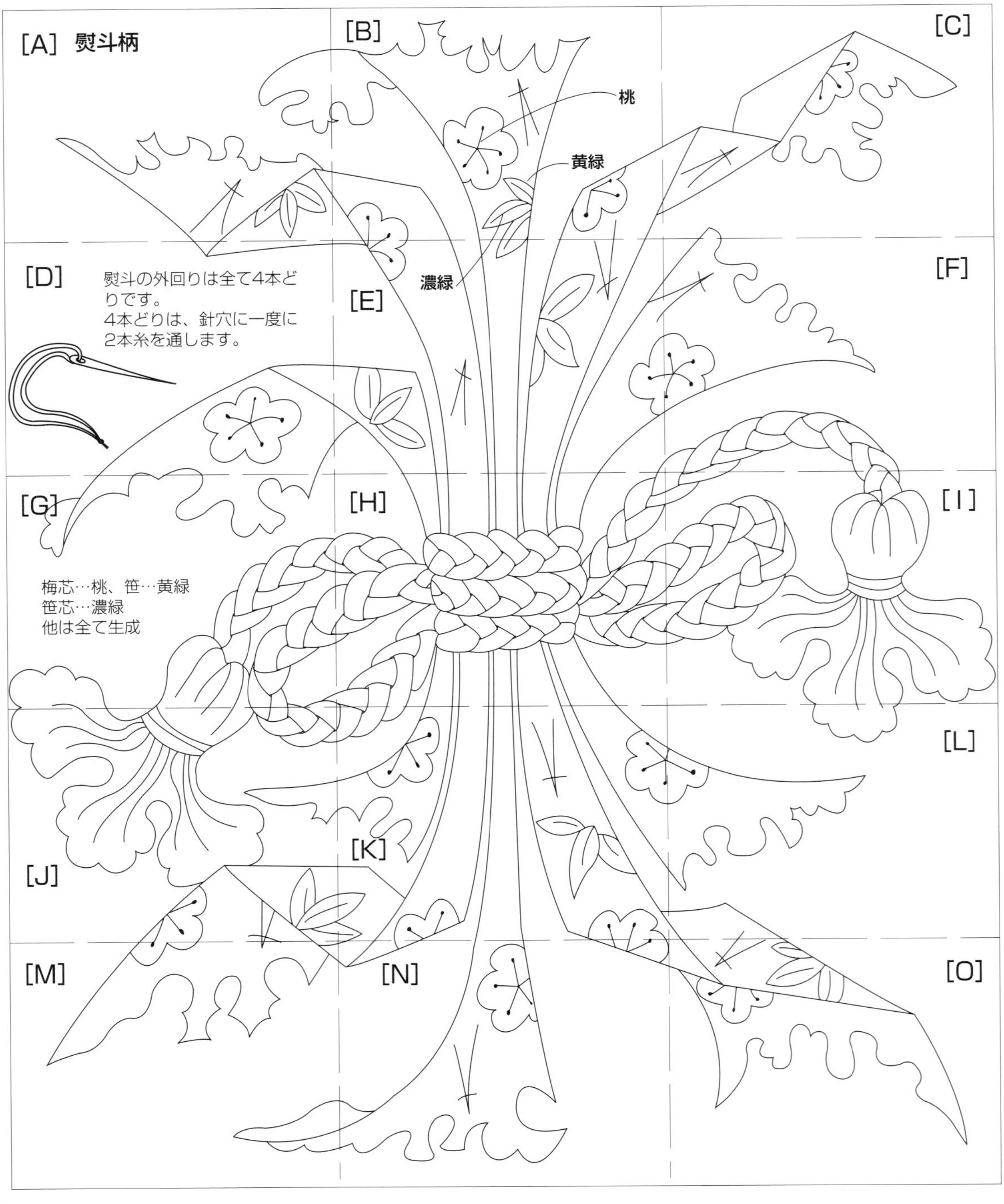
[A] 熨斗柄
[B]
[C]
桃
黄緑
濃緑
[D]
熨斗の外回りは全て4本どりです。
4本どりは、針穴に一度に2本糸を通します。
[E]
[F]
[G]
[H]
[I]
梅芯…桃、笹…黄緑
笹芯…濃緑
他は全て生成
[J]
[K]
[L]
[M]
[N]
[O]

ペアーで **牡丹唐草と角きりばめベッドカバーⅡ** 口絵カラー17ページ

（約203cm×約141.5cm）

〔材料〕
〈布地〉①表布…広幅（114cm）厚地納戸色で138cm
②縁布（角きりばめ柄）…並幅（37cm）厚地のプリント布納戸色440cm（余裕6cm含む）
〈縫い糸〉納戸1カード
〈刺し子糸〉縁刺し…ねずみ2かせ、花…生成1かせ、桃、水浅葱、黄、黄緑、濃緑、薄紫、赤各1カード

〈牡丹唐草図案を写す〉

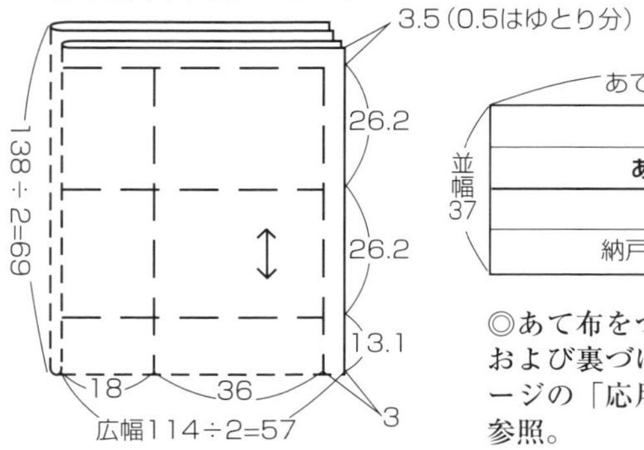
3.5（0.5はゆとり分）
26.2
26.2
13.1
3
138÷2=69
18
36
広幅114÷2=57

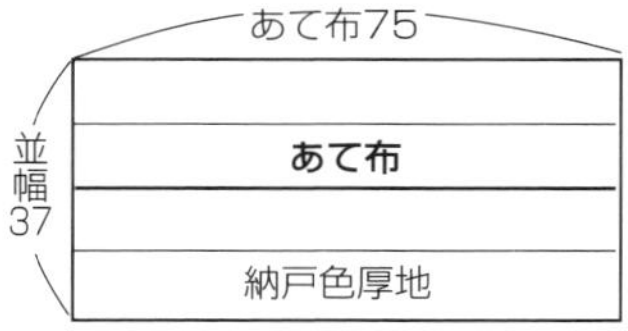
あて布75
並幅37
あて布
納戸色厚地

◎あて布をつけたい場合、および裏づけの方法は67ページの「応用1・応用2」を参照。

■牡丹唐草図案の写し方
上図のように四つ折りにして、へらで標をつけておき、71ページの拡大図を1コマごとにチャコペーパーで写します。

〈裏側の縫い方〉
※この縫い方は、上下左右同じ。

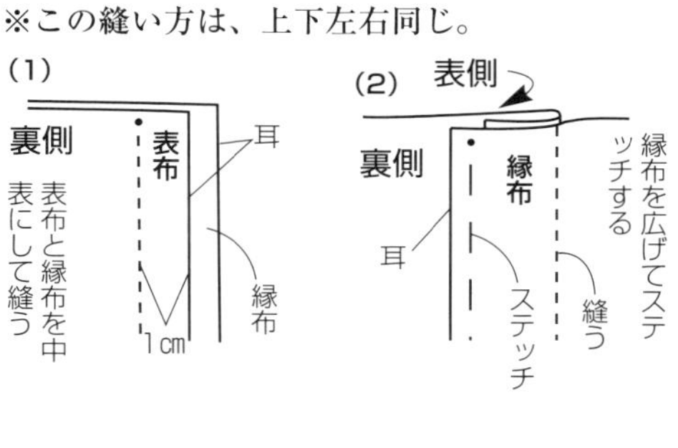
(1)
裏側
表布
耳
表布と縁布を中表にして縫う
縁布
1cm
(2)
表側
裏側
縁布
耳
ステッチ
縫う
縁布を広げてステッチする

〈裏側でき上がり〉

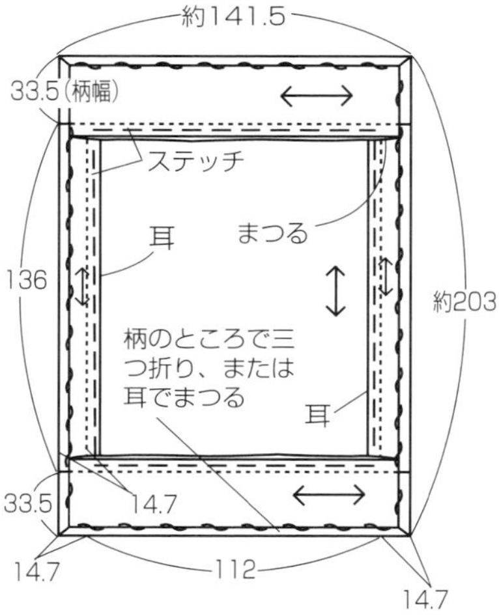
約141.5
33.5（柄幅）
ステッチ
耳
まつる
136
約203
柄のところで三つ折り、または耳でまつる
耳
33.5
14.7
14.7
112
14.7

◎角きりばめの注意点
布を丸ごと刺し終わったら、洗って下絵を落として縮ませをして、寸法通りに裁ちます。(裁ち目のままで縫えます)

角きりばめ並幅37cm（5分の1縮尺）
角きりばめ一柄分・約73（繰り返し）
1.75
柄幅33.5cm
1.75

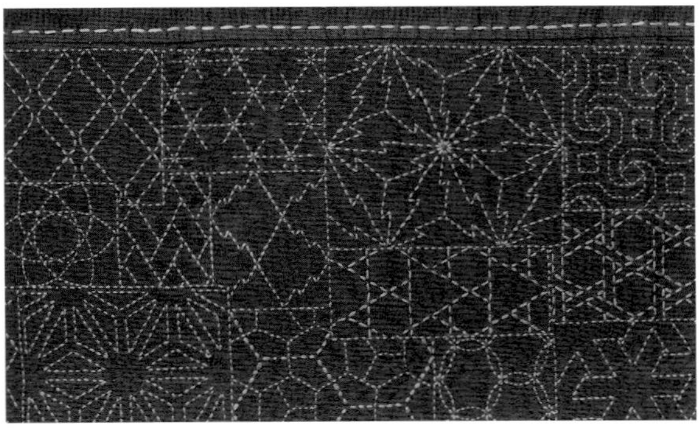

■角きりばめ・拡大の仕方（自分で写す場合）
①左下の図案を横にしてコピーし、それをB4で200%拡大する。②次に点線の箇所で3コマに切り離し、それぞれ1コマごとにA3で250%拡大する。

◎角きりばめ柄はプリント布が市販されているので、そちらを使ってもよいでしょう。

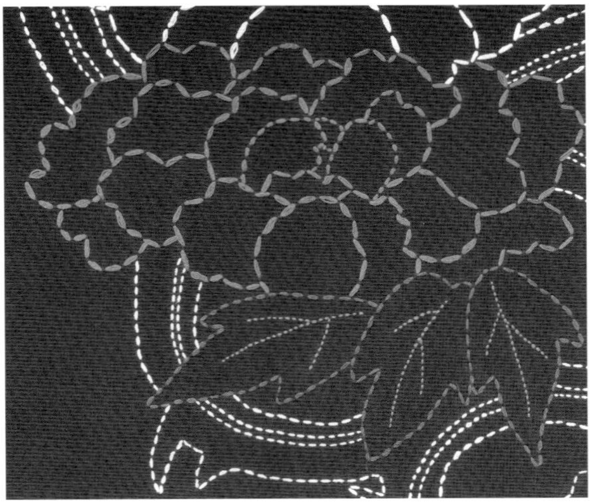

〈プリント布〉

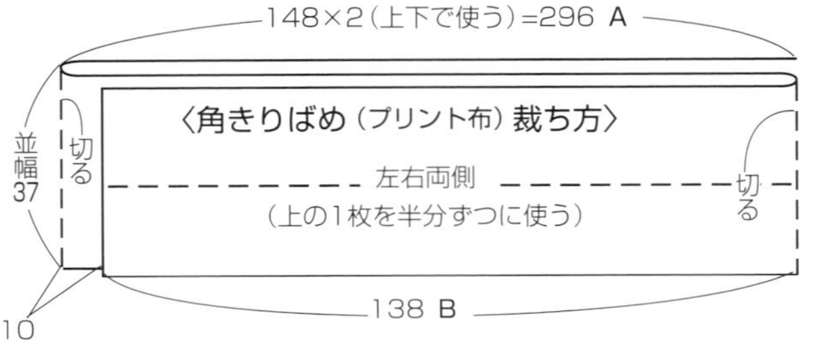

148×2（上下で使う）=296 A
〈角きりばめ（プリント布）裁ち方〉
並幅37
切る
左右両側
（上の1枚を半分ずつに使う）
切る
10
138 B

A+B=434cm+（刺し縮み他6cm）=440cm

〈実物大・刺し子の針目〉
随所で使い分けてください

針穴に2本を一度に通し、4本どり

■牡丹唐草・拡大の仕方
①下の図案を横にしてコピーし、縁で切り落として、それをA3で180%拡大する。②次に点線の箇所で15コマに切り離し、それぞれ1コマごとにA3で400%拡大する。

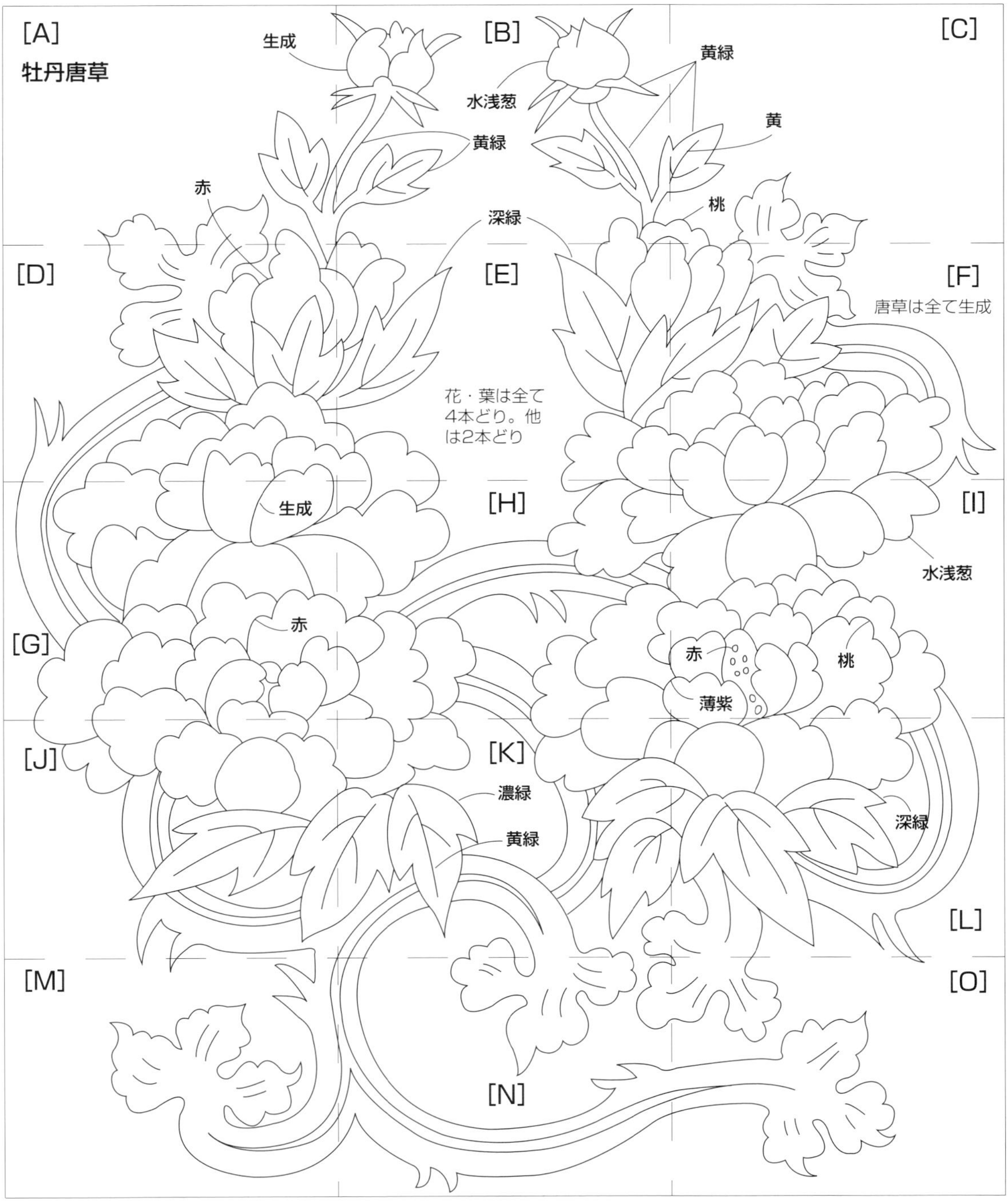
[A]
牡丹唐草
生成
[B]
[C]
黄緑
水浅葱
黄
黄緑
赤
桃
深緑
[D]
[E]
[F]
唐草は全て生成
花・葉は全て
4本どり。他
は2本どり
生成
[H]
[I]
水浅葱
赤
[G]
赤
桃
薄紫
[J]
[K]
濃緑
黄緑
深緑
[L]
[M]
[O]
[N]

床の間の掛け軸兼敷物二種 口絵カラー19ページ

〈Ⅰぼかし麻に熨斗・Ⅱ風車に松川菊〉

〔材料〕〈布地〉①表地…のれん幅(45㎝)厚地の納戸色プリント布で180㎝　②裏地…のれん幅(45㎝)薄地薄浅葱180㎝　③縁布…洋服幅(32㎝)厚地薄浅葱180㎝
〈縫い糸〉浅葱1カード(Ⅰ・Ⅱとも共通)
〈刺し子糸〉生成1かせ(Ⅰ・Ⅱとも共通)
◎布地、糸はⅠ・Ⅱとも共通です。また、両柄ともプリント柄を使用しています(ただし、熨斗のみ手描きしてから刺します)。

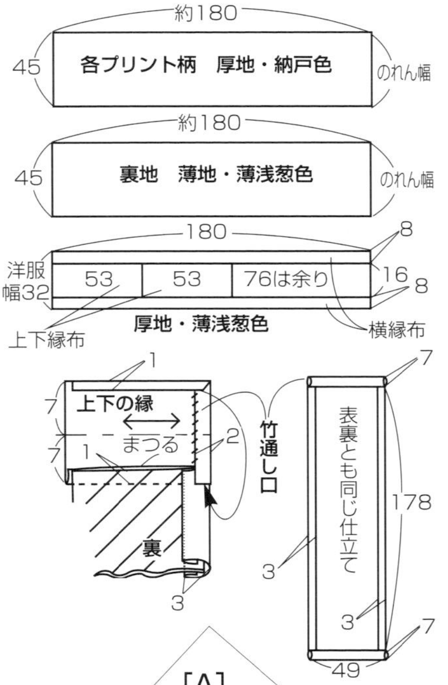

◎この2点は、掛け軸やテーブルランナーなどの敷物以外にも、大判ストールとしても素敵です。
　また、薄地の裏を使用しないで、2種の柄同士を表裏にすると、両面物として使えます。

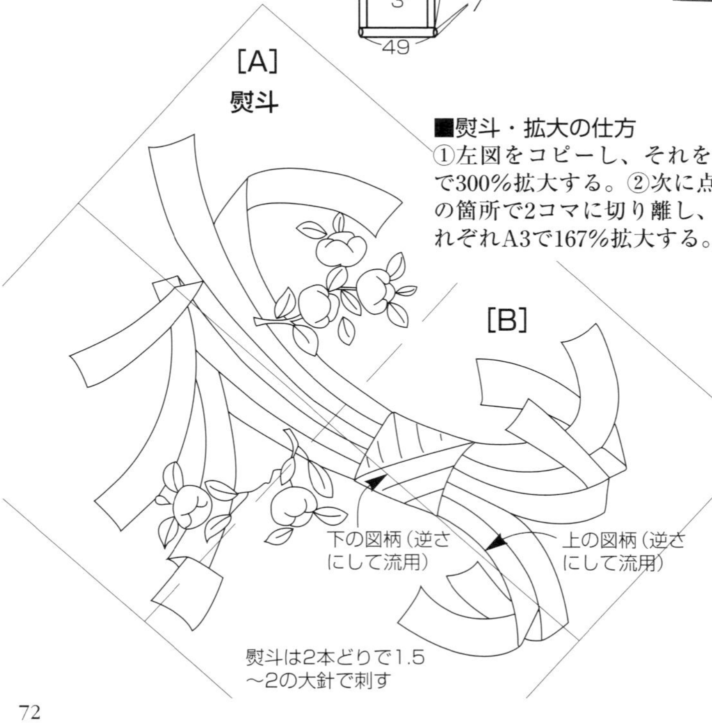

■熨斗・拡大の仕方
①左図をコピーし、それをB4で300%拡大する。②次に点線の箇所で2コマに切り離し、それぞれA3で167%拡大する。

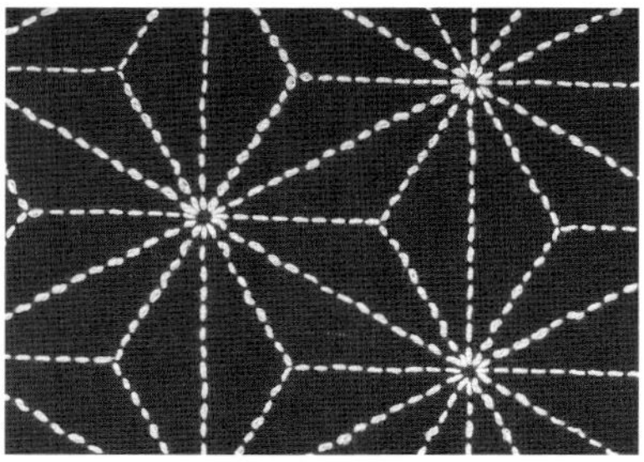

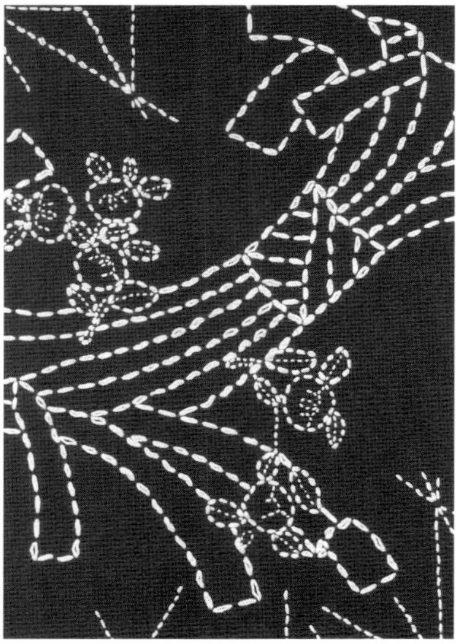

〈房の作り方〉

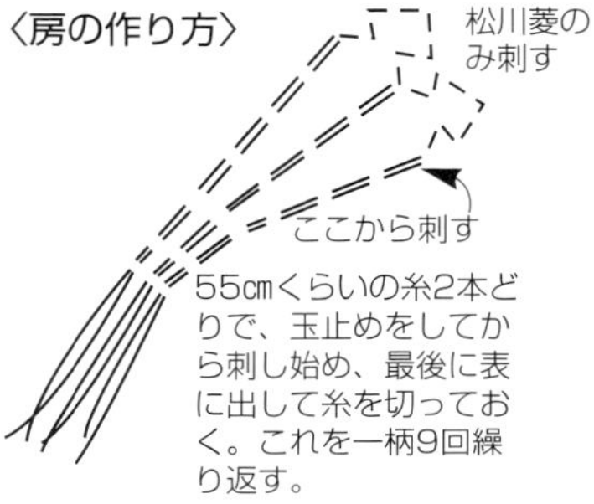

松川菱のみ刺す
ここから刺す
55㎝くらいの糸2本どりで、玉止めをしてから刺し始め、最後に表に出して糸を切っておく。これを一柄9回繰り返す。

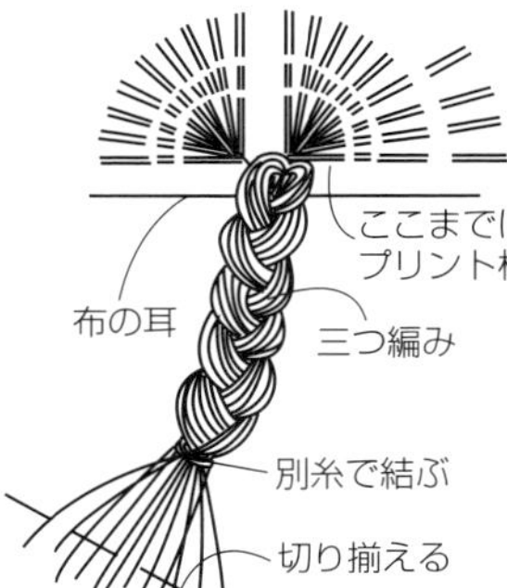

ここまではプリント柄
布の耳
三つ編み
別糸で結ぶ
切り揃える

Ⅰぼかし麻に熨斗

縮尺＝10分の1

◎両方ともに、刺し子をしてから仕上げます。

Ⅱ風車に松川菊

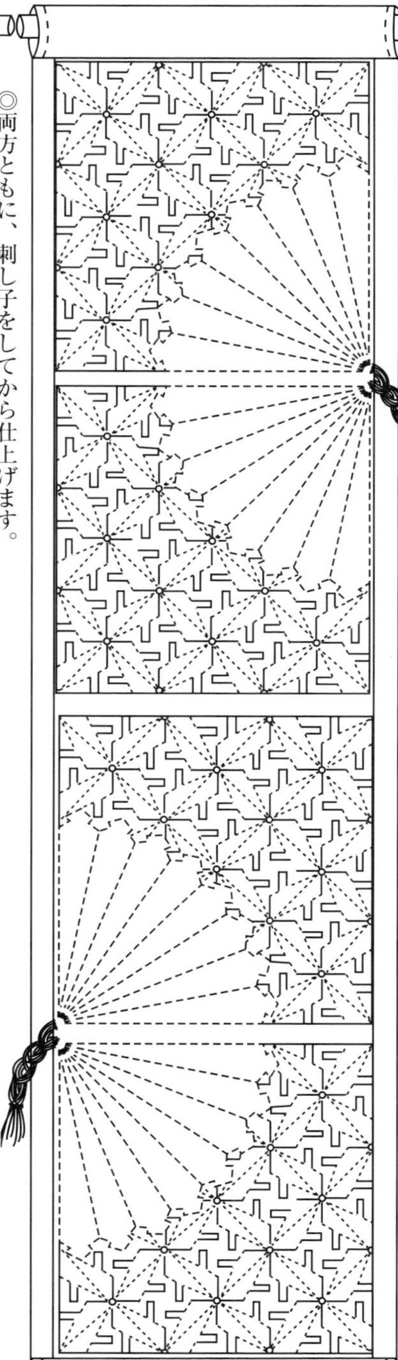

縮尺＝10分の1

◎応用として、薄地の裏を使わず、柄同士を表裏にすると両面物になります。

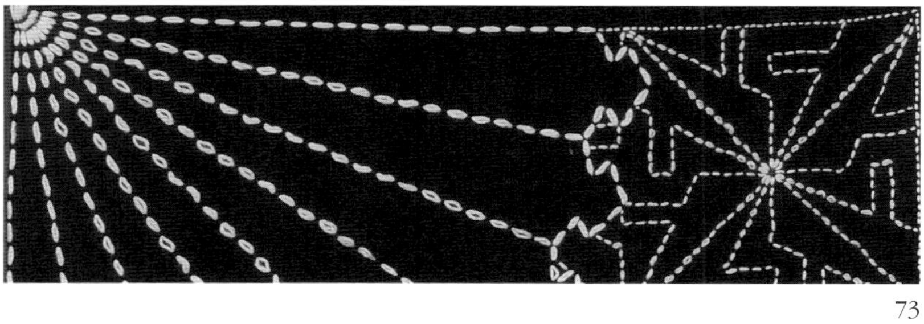

口絵カラー20,21ページ

折って模様をつける**花布きん**

本書に掲載した作品のほとんどの材料は、オリジナルで製造したものです。この花布きん布も、針が通りやすいよう専用に織ってあります。私の子ども時代は、ぼろを芯にしてよく雑巾を作ったものです。その雑巾に一番よく使った柄は、下に掲載した応用作例1番の渦巻き状のものです。

花布きんの柄つけも、折ったり、物差しで計ったりしながら、楽しく作業しましょう。

〔材料〕（7枚分）
①布きん布（35㎝）生成で94㎝×5枚=470㎝
②布きん布（35㎝）色もの（化学染）で2色、各94㎝
③〈縫い糸〉布をほぐして使用
〈刺し子糸〉布きん糸（化学染10色）紺、生成、赤、オレンジ、黄、黄緑、緑、茶、紫、薄紫

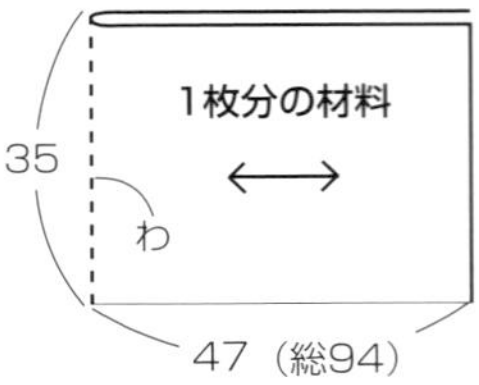

■刺し方　布きんは先に仕立ててから、刺していきます。また、刺し糸はボリュームをつけるため、どこでも全て2本どりで刺します。

⑴ 菱と升の模様

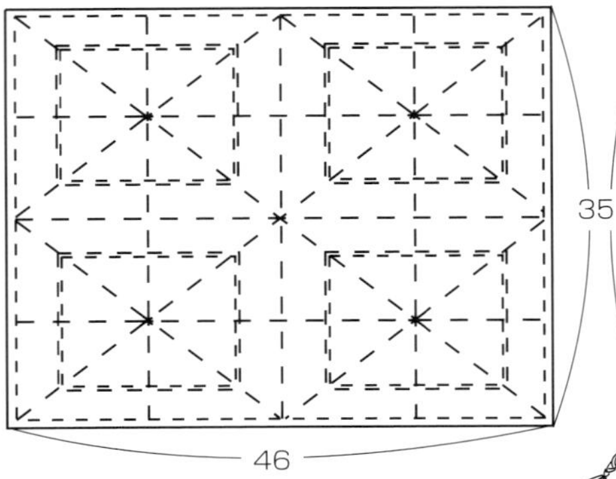

⑵ 扇模様

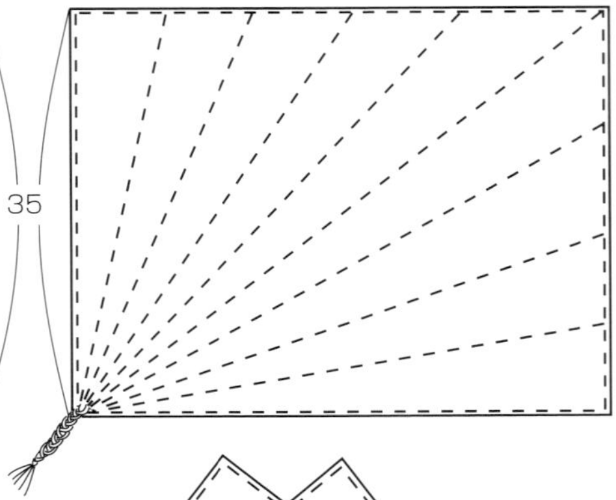

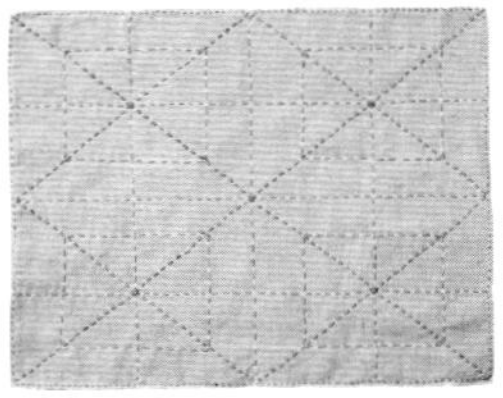

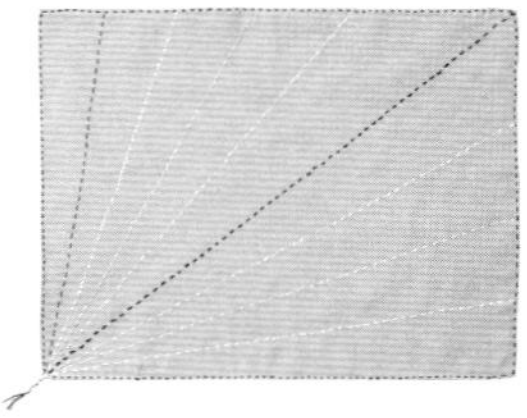

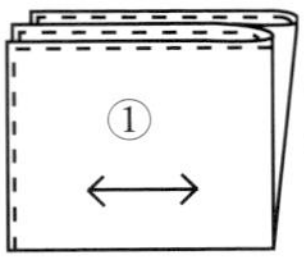

■図案の写し方（菱と升）
①四つ折りにします。
②対角線上に折り、定規で引くと上図になります。

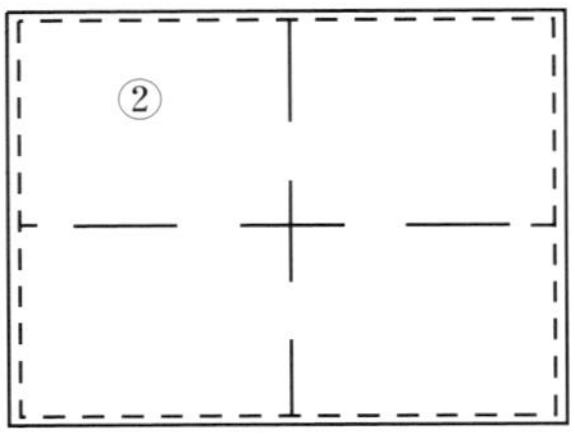

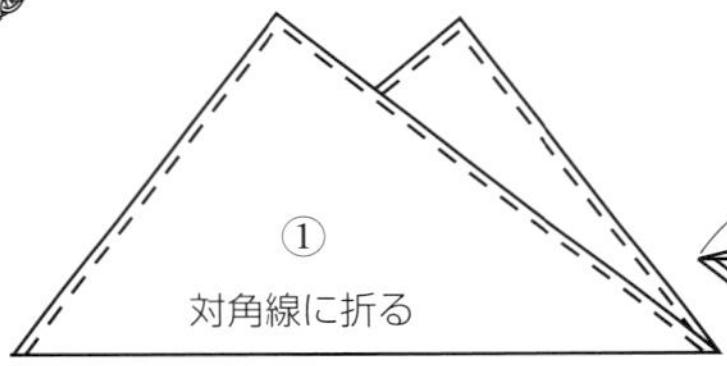

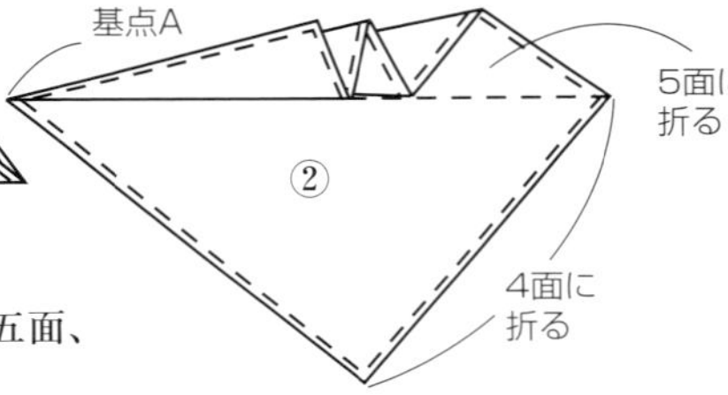

■図案の写し方（扇）
①対角線に折ります。
②更に、A を基点に、上側は五面、下側は四面に折ります。

■仕立
①織り糸を3段くらい抜いて取り、その糸を布きん針に通し、二重にして中表に縫います。
②表に返します。
③抜き糸の残りで、裁ち目が出ないよう耳側を端から約1㎝まつります。
④縁から0.3㎝の箇所を一回り色糸で縫い、その後、上図のように折って模様をつくり、刺し子をします。

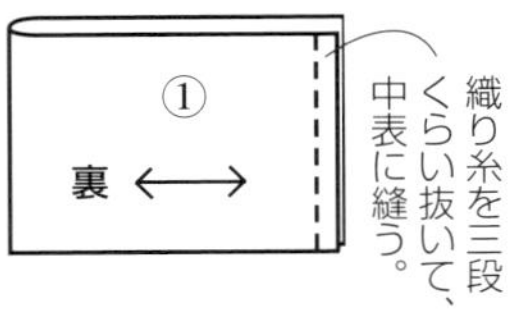

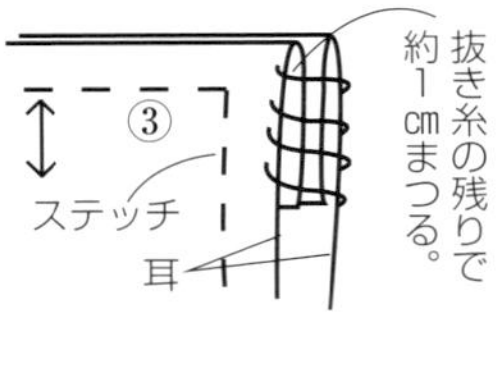

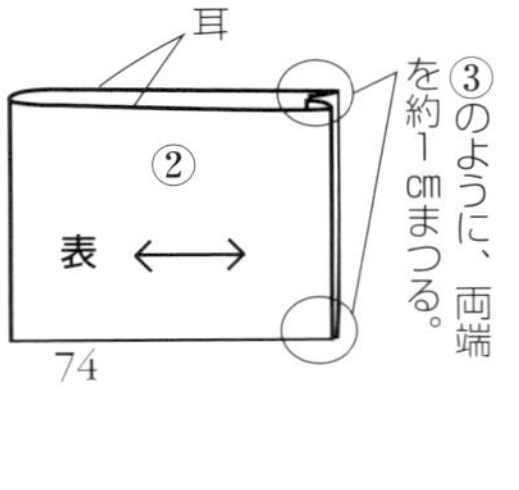

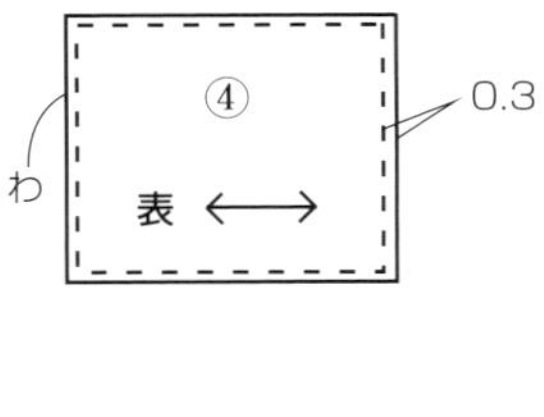

〈応用作例〉
図案とそれぞれの作例を掲載します。

①
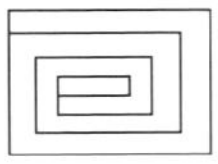

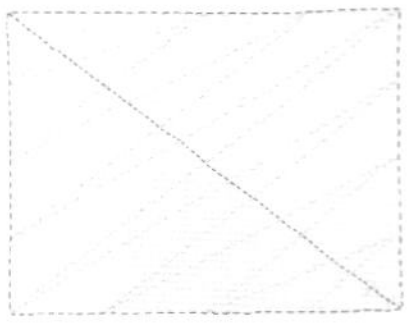

②
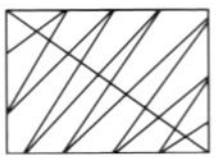

④

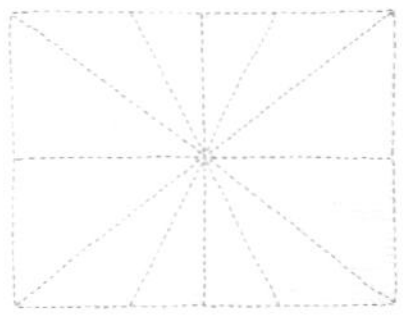

⑤
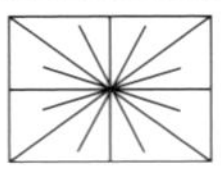

③
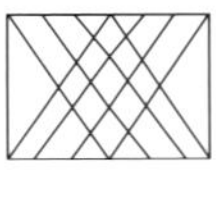

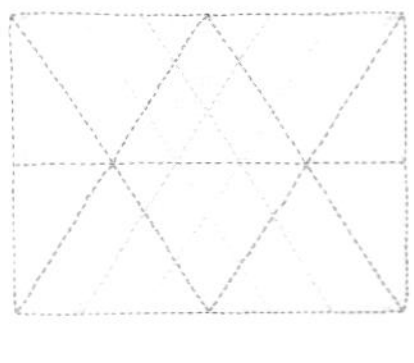

口絵カラー20,21ページ

ランチョンマット 鱗文（うろこもん）

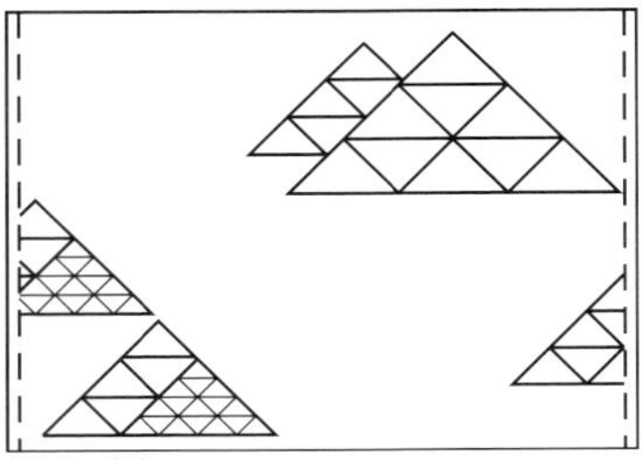

鱗文 (1)

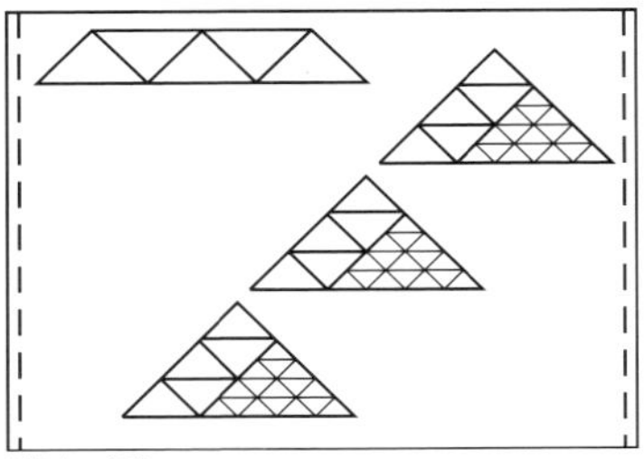

鱗文 (2)

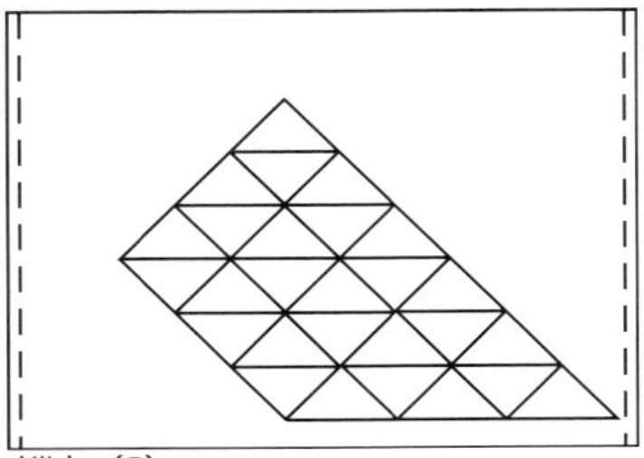

鱗文 (3)

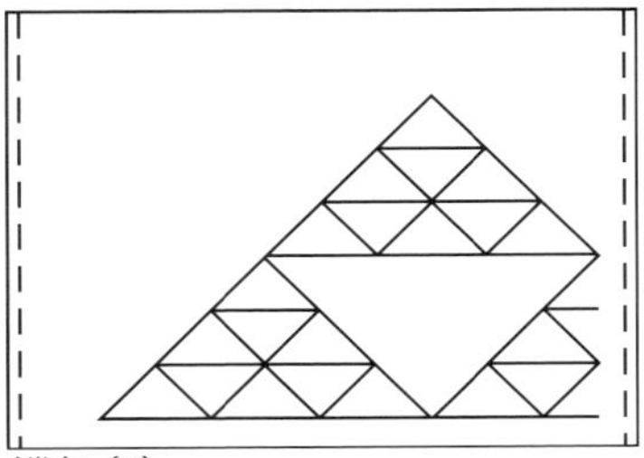

鱗文 (4)

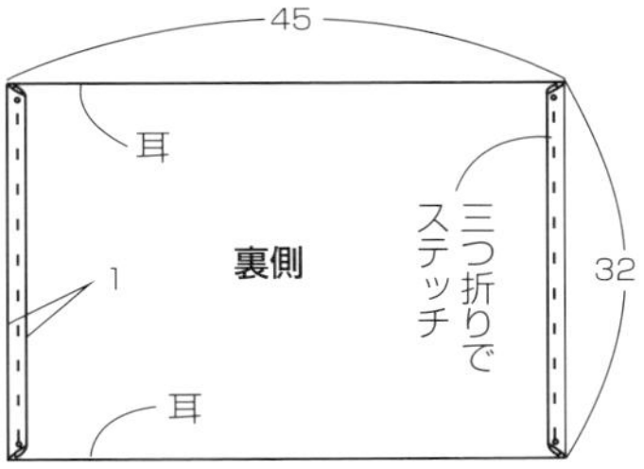

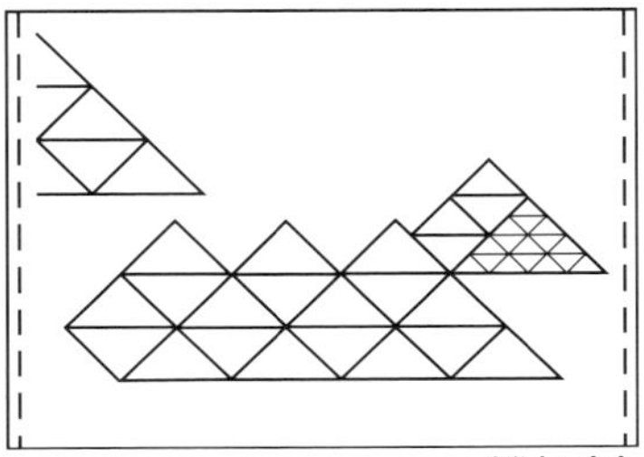

鱗文 (5)

■図案の写し方

(1) ～ (5) 図を参考に、下の鱗文原寸大図案から、それぞれに構成できるよう写し取ってください。

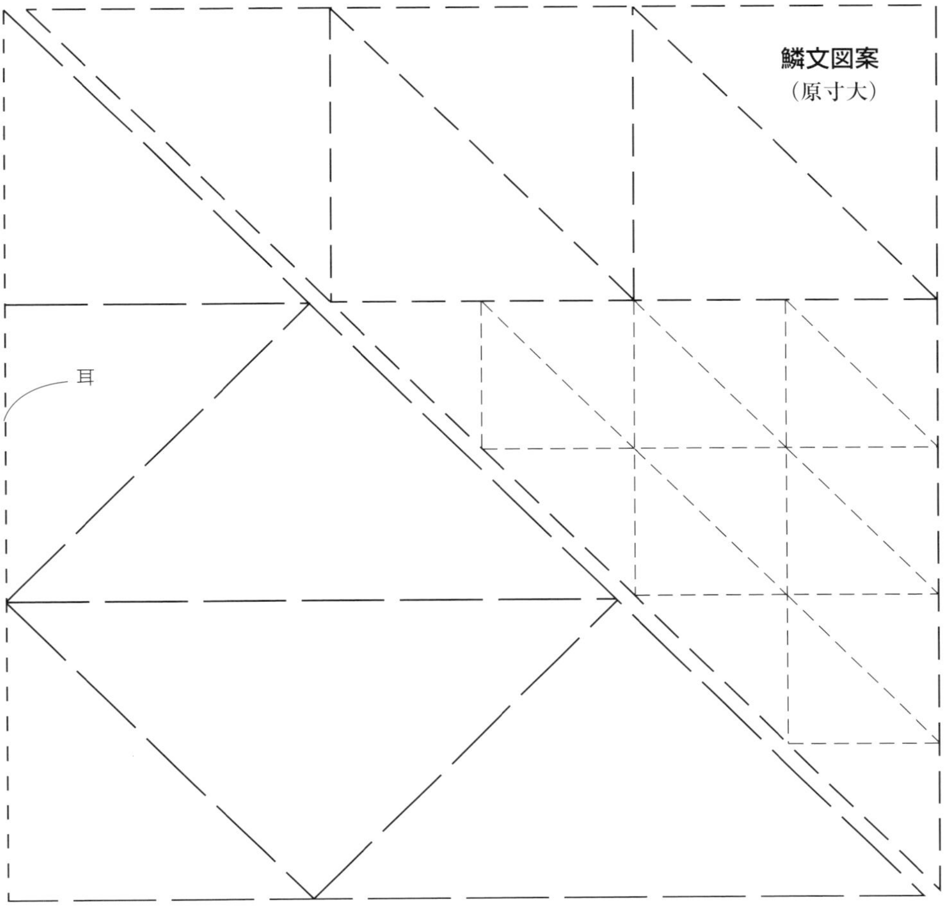

〔材料〕（5枚分）

洋服幅（32）厚地、49㎝×5枚=245㎝

〈縫い糸〉刺し子糸の残り糸使用

〈刺し子糸〉薄浅葱地／灰色、納戸各1カード。生成 地／水浅葱1カード

注） 生成地に使う浅葱糸は、1カードでぎりぎりです。大きい針目は2本どりにして、小さい針目は1本どりにします。

左の原寸大鱗文図案は、中心より右側を写した図です。

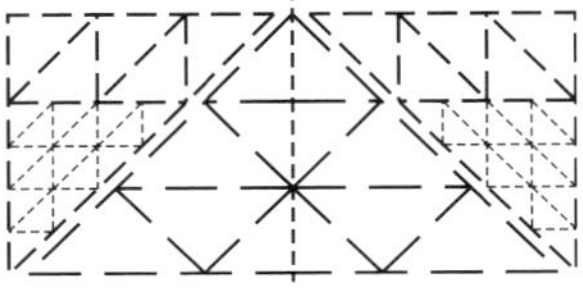

ボンボンつき テーブルランナー

〔材料〕

〈布〉①表布／洋服幅（32㎝）厚地の納戸色プリント布で「遊び格子」、または「遊び渦巻」柄、1/9反（約128㎝）
②裏布／薄地薄浅葱（洋服巾32㎝）、1/7反（約169㎝）
③綿（わた）少々、糸くずや毛糸でも可
「Ｉ遊び格子」…〈縫い糸〉刺し子の残り糸使用。
〈刺し子糸〉表／水浅葱、浅葱、紺各1カード、生成1かせ　裏／藍ぼかし1カード

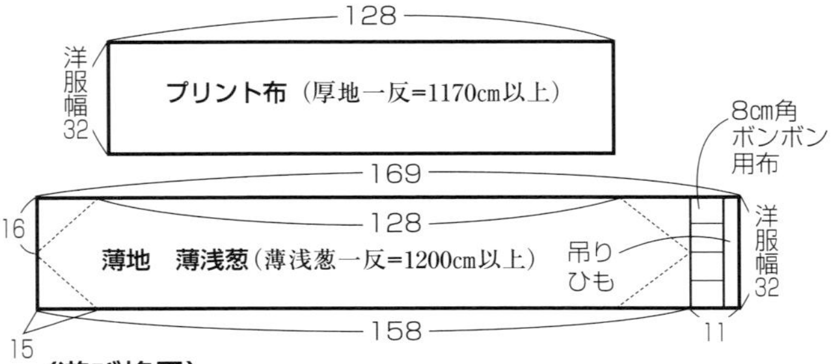

128
洋服幅32
プリント布（厚地一反=1170cm以上）
169
128
16
薄地　薄浅葱（薄浅葱一反=1200cm以上）
吊りひも
8㎝角ボンボン用布
洋服幅32
15
158
11

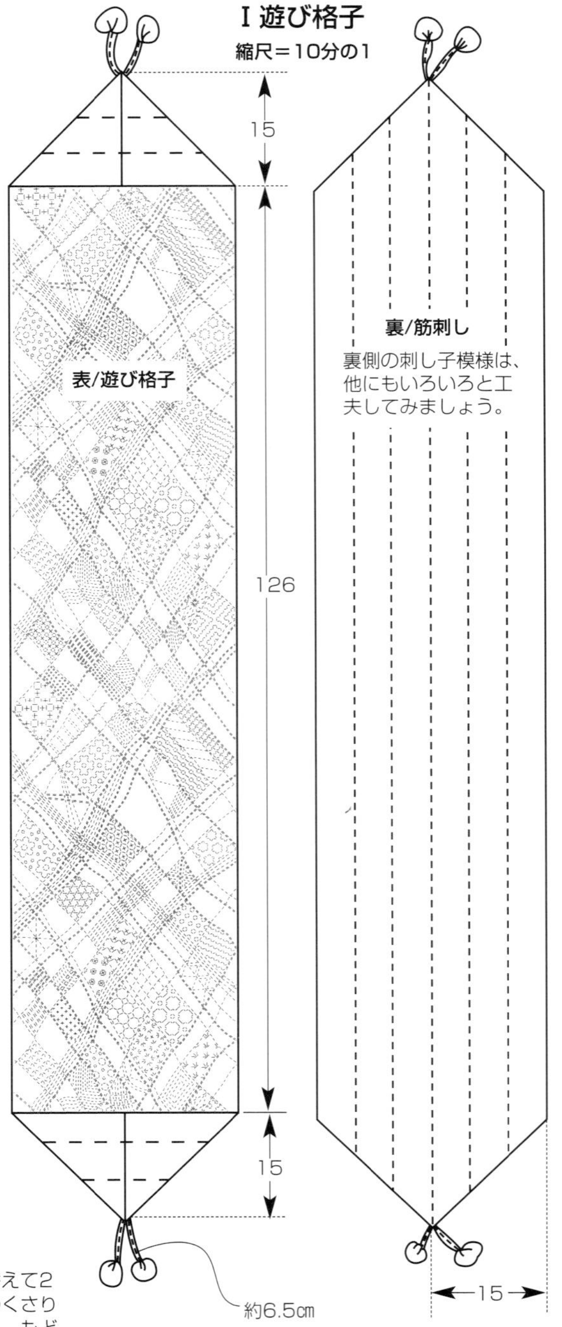

I 遊び格子
縮尺＝10分の1
15
126
15
表/遊び格子
裏/筋刺し
裏側の刺し子模様は、他にもいろいろと工夫してみましょう。
約6.5㎝
15

〈遊び格子〉

■刺し方　表／プリントの針目通りに刺し、よくしごきます。刺し糸は単色でも多色でもどちらでもよいでしょう。
裏／5㎝間隔で、全体に筋刺しします。こちらも一色、多色など自由に刺してみてください。
■仕立　以下に示した図の通りです。

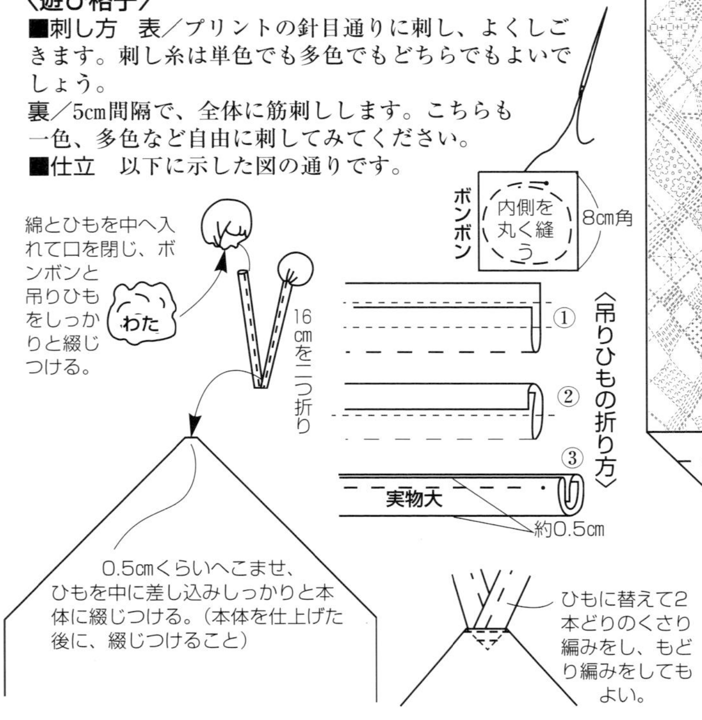

綿とひもを中へ入れて口を閉じ、ボンボンと吊りひもをしっかりと綴じつける。
わた
16㎝を二つ折り
ボンボン
内側を丸く縫う
8㎝角
〈吊りひもの折り方〉
①
②
③
実物大
約0.5㎝
0.5㎝くらいへこませ、ひもを中に差し込みしっかりと本体に綴じつける。（本体を仕上げた後に、綴じつけること）
ひもに替えて2本どりのくさり編みをし、もどり編みをしてもよい。

◎プリント布の柄は、全て刺さずとも、切れ目らしきところで部分的に抜いて、あとで洗って柄を消すこともできます。

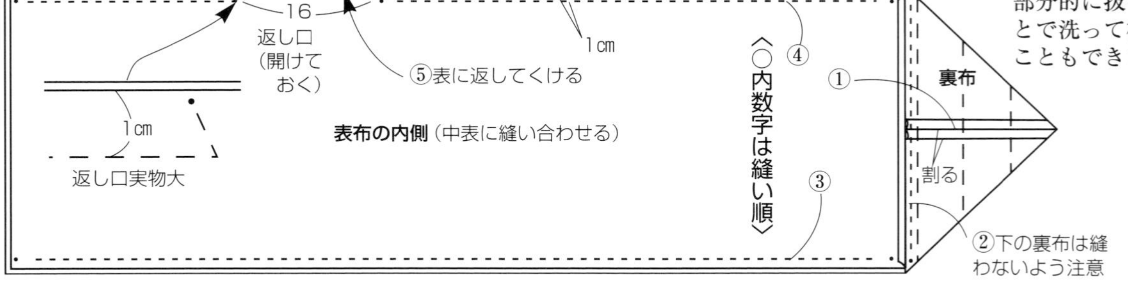

16
返し口（開けておく）
⑤表に返してくける
1㎝
④
〈○内数字は縫い順〉
①
裏布
1㎝
返し口実物大
表布の内側（中表に縫い合わせる）
割る
③
②下の裏布は縫わないよう注意

「Ⅱ遊び渦巻」
〈縫い糸〉刺し子の残り糸使用。
〈刺し子糸〉表／薄浅葱1かせ
裏／納戸1カード

松川菱
縮尺＝実物大
（縦1/2）

Ⅱ遊び渦巻

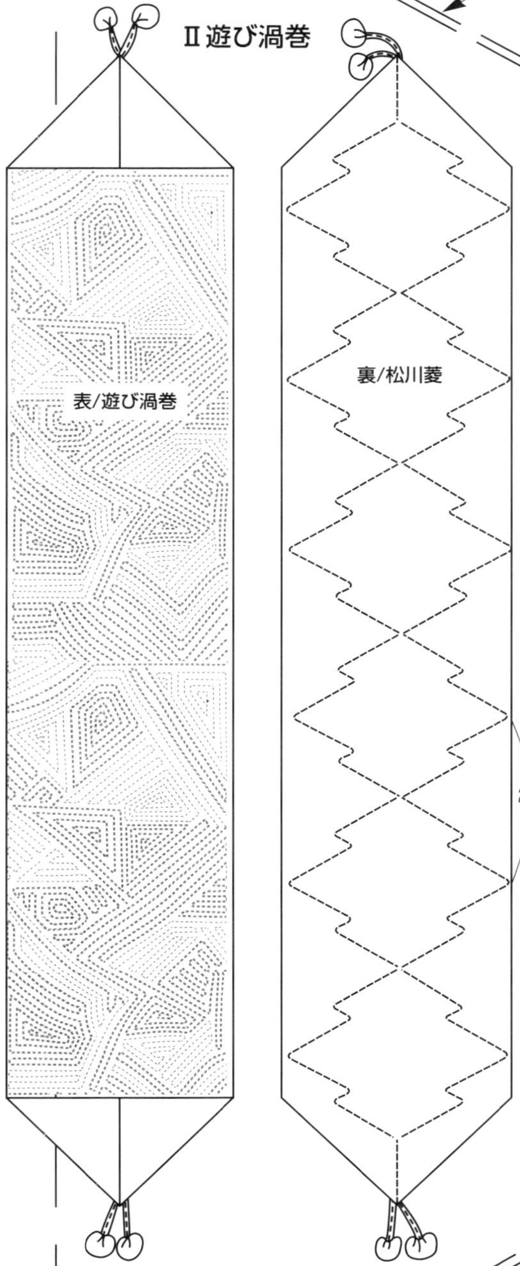

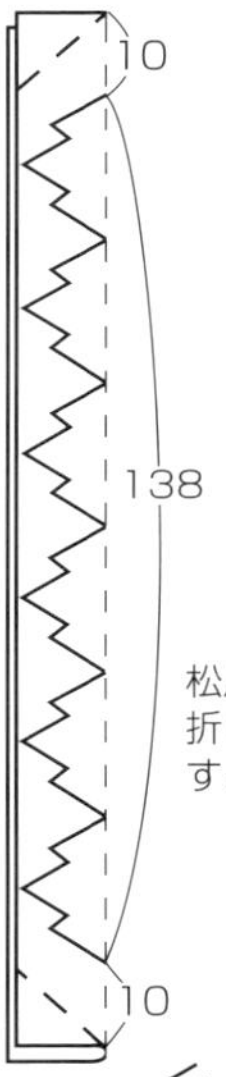

松川菱は、布を縦二つ折りにして、へらで写すとよいでしょう。

マフラーやストール、テーブルランナーや壁掛けなど、多用途に使えます。また、リバーシブルとして、裏返しても素敵です。

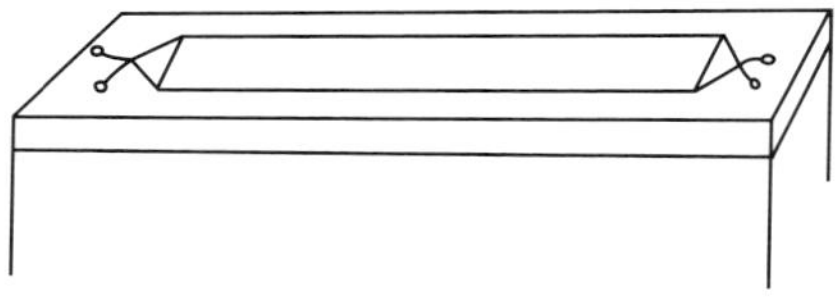

◎松川菱は斜眼紙で製図すると、大きさも大・小自由に作ることができます。

端ぎれでカラフルに!! 愛らしい

丸形針刺し六種

〈花のエプロンつき針刺し〉

〔材料〕①丸布 直径16cm ②エプロン 5×18〜20cm ③底のボール紙 直径6.5cm ④パンヤ（化繊綿）

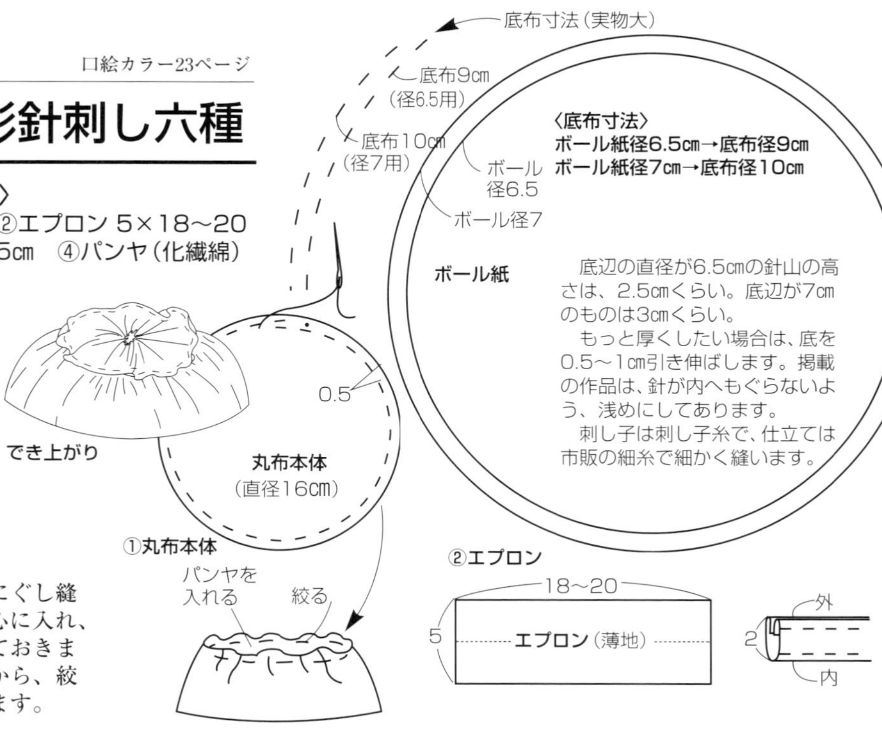

底辺の直径が6.5cmの針山の高さは、2.5cmくらい。底辺が7cmのものは3cmくらい。

もっと厚くしたい場合は、底を0.5〜1cm引き伸ばします。掲載の作品は、針が内へもぐらないよう、浅めにしてあります。

刺し子は刺し子糸で、仕立ては市販の細糸で細かく縫います。

■仕立

①丸布の本体を右図のようにぐし縫いして、ボール紙を底の中心に入れ、パンヤを固め入れて、絞っておきます。②エプロンは輪にしてから、絞って丸布本体にかがりつけます。

〈けしの花の針刺し・四枚はぎ〉

〔材料〕①21cm幅×6.5cm ②9cm丸の底布 ③底のボール紙 直径6.5cm ④パンヤ

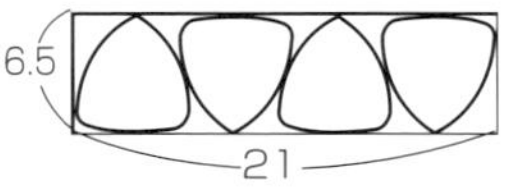

■仕立 ①右の型紙を写し、4枚に裁って刺し子をします。②細かい針目ではぎ合わせて片返しにし、裾をぐし縫いしてから、パンヤを詰めて少し絞ります。③底布の縁を絞って本体をつけ、縁をまつりぐけします。

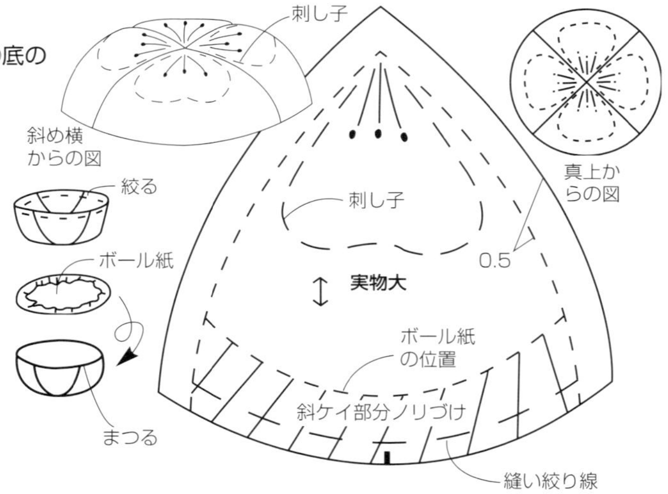

〈風車の針刺し・六枚はぎ〉

〔材料〕①本体 25cm幅×6.5cm ②直径9cmの底布 ③底のボール紙 直径6.5cm ④パンヤ

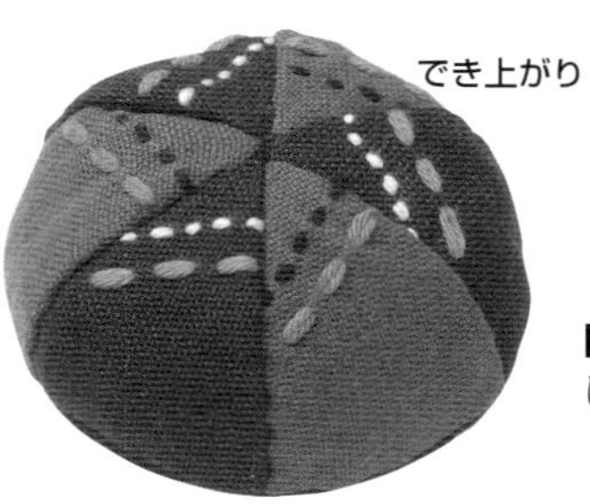

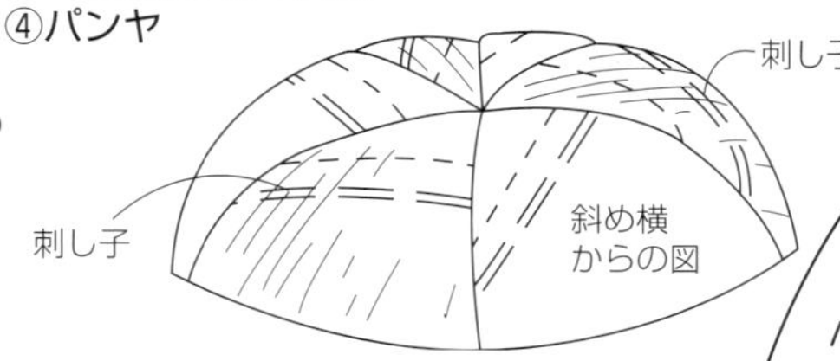

■仕立 作り方は上記4枚はぎを参照してください。

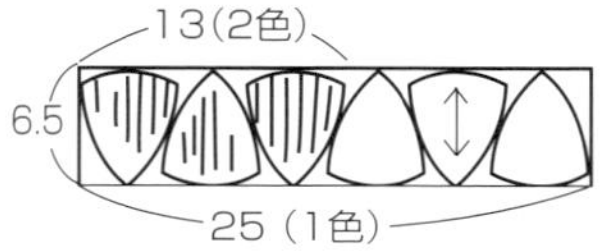

用布は1色の場合 25cm×6.5cm 1枚
2色の場合 13cm×6.5cm 2枚（色違いで）

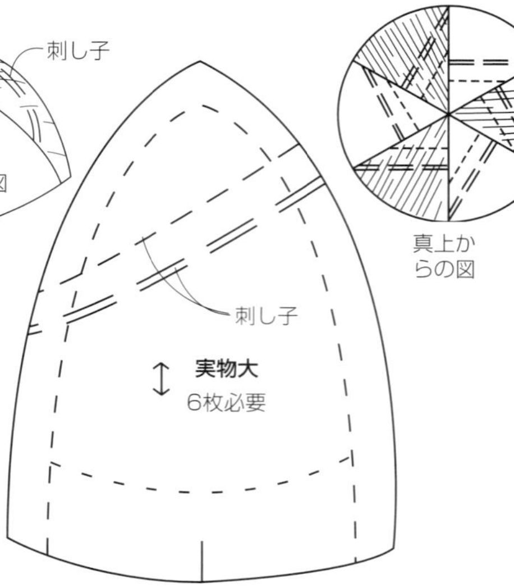

◎針刺しの中に入れる他の中綿として、パンヤ以外にもごま、コーヒーの出ガラ、毛糸くずなどがある。

〈風船の針刺し・十枚はぎ〉7㎝丸形

〔材料〕①7㎝幅×丈6.5㎝を5枚　②直径2.2、3.2㎝の丸布各1枚　③底布直径 10㎝　④底のボール紙 直径7㎝　⑤パンヤ

でき上がり

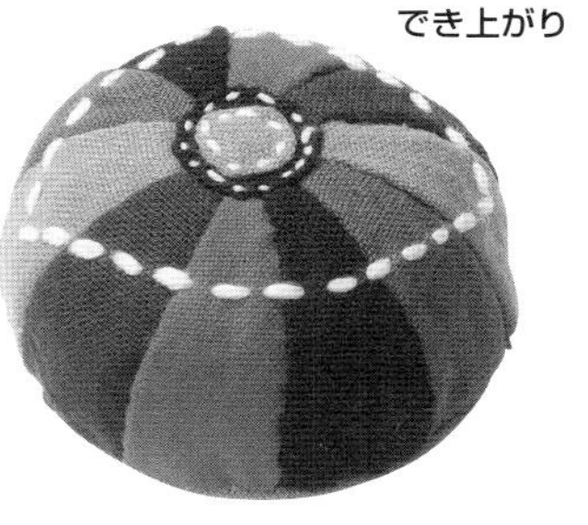

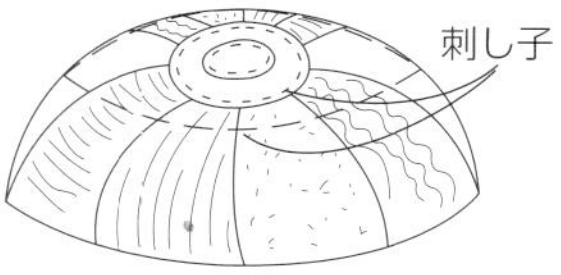
刺し子

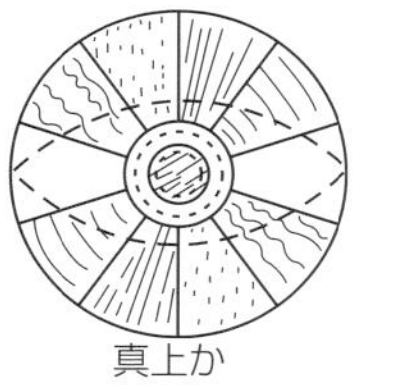
真上からの図

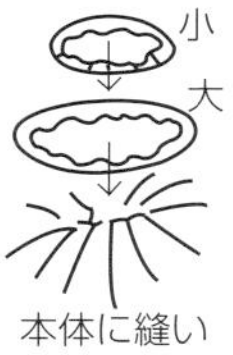
小
大
本体に縫い合わす

■仕立　①10枚をはいで片返しにし、大小の丸を縫い、縮めてステッチでつける。②風船の折り形に刺し子する。③以降は前ページ4枚はぎ参照。

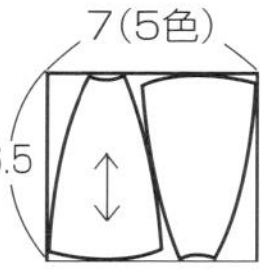
7(5色)
6.5

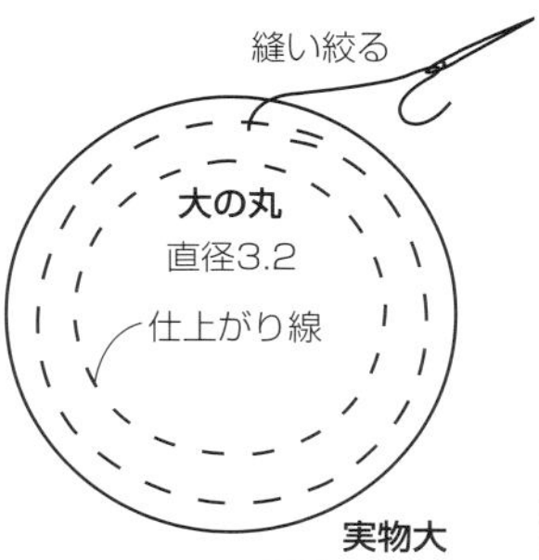
縫い絞る
大の丸
直径3.2
仕上がり線
実物大

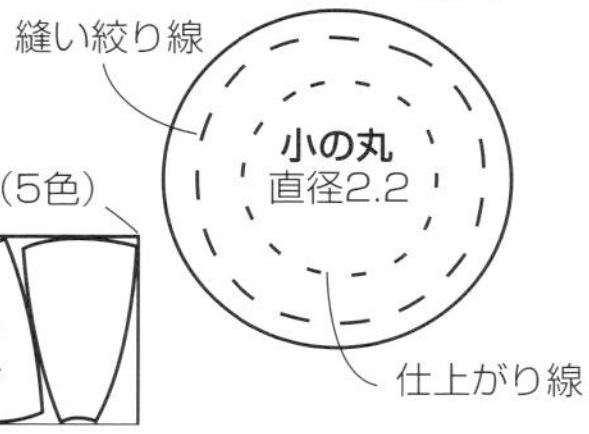
縫い絞り線
小の丸
直径2.2
仕上がり線

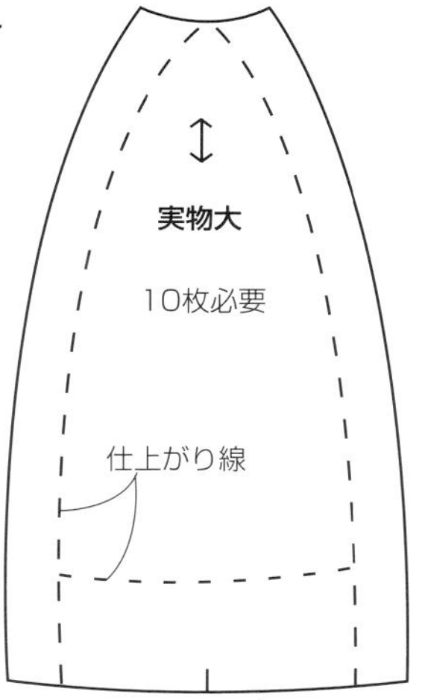
実物大
10枚必要
仕上がり線

〈麻の葉形針刺し〉

〔材料〕①本体15㎝幅×丈7㎝　②まち 丈5㎝×23㎝　③底布 直径10㎝　④底のボール紙 直径7㎝　⑤パンヤ

■仕立　作り方は前ページ4枚はぎを参照してください。

でき上がり

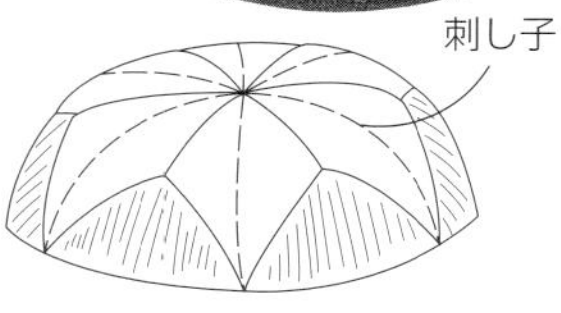
刺し子

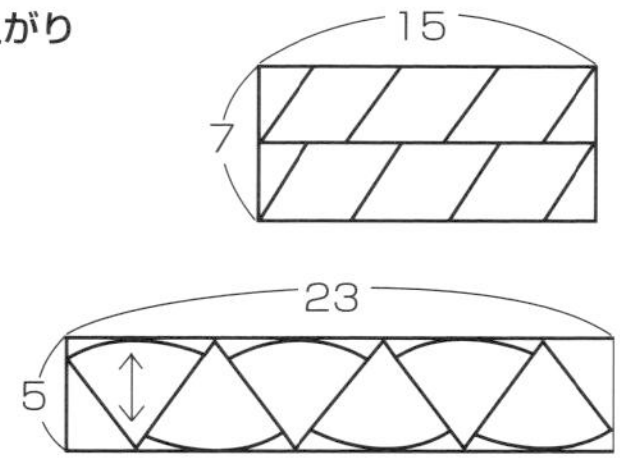
15
7
23
5

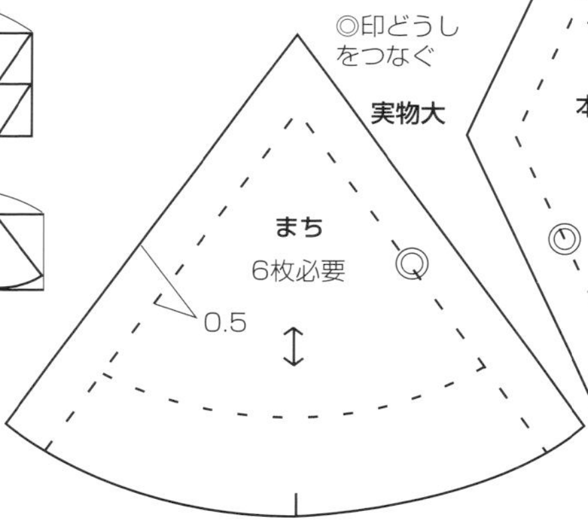
◎印どうしをつなぐ
実物大
まち
6枚必要
0.5

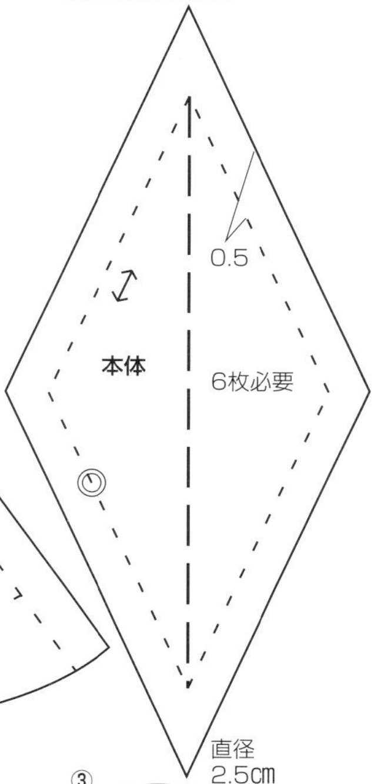
0.5
本体
6枚必要

〈バラの花形針刺し〉

〔材料〕①バラの花弁 3.5×17.5、5×25、6.5×32.5、8×40㎝を各5枚に切る　②台布 7×25㎝　③底布直径10㎝　④底のボール紙 直径7㎝　⑤花芯直径2.5㎝（別色）⑥キルト芯　⑦パンヤ（本体用）

でき上がり

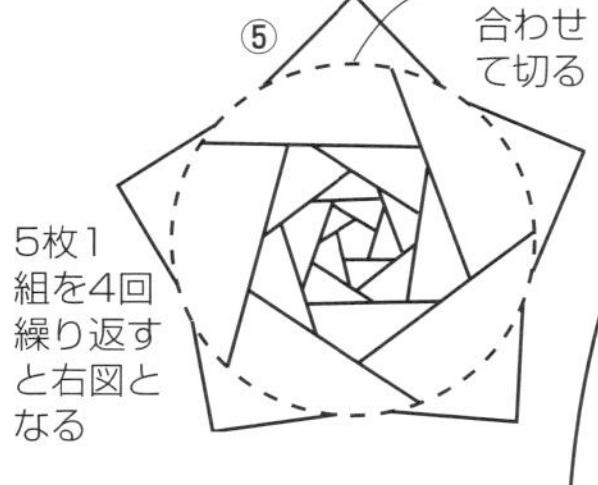
⑤
台布に合わせて切る
5枚1組を4回繰り返すと右図となる

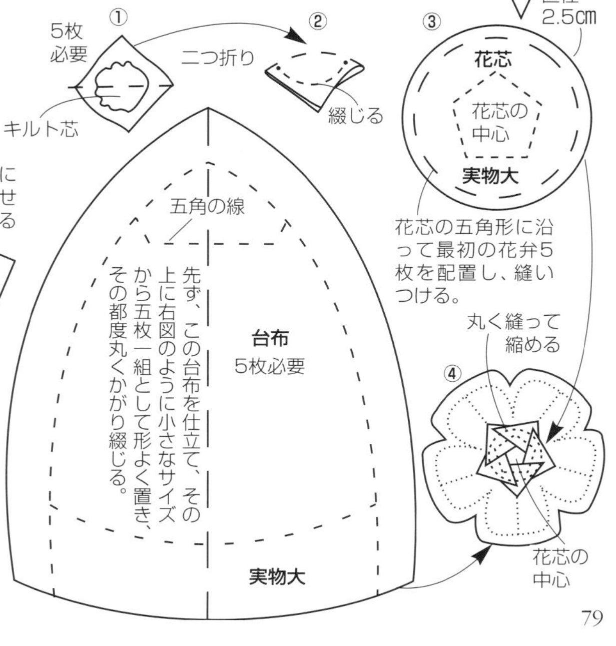
①
5枚必要
キルト芯
二つ折り
②
綴じる
③
直径2.5㎝
花芯
花芯の中心
実物大
花芯の五角形に沿って最初の花弁5枚を配置し、縫いつける。
五角の線
先ず、この台布を仕立て、その上に右図のように小さなサイズから五枚一組として形よく置き、その都度丸くかがり綴じる。
台布
5枚必要
実物大
④
丸く縫って縮める
花芯の中心

■仕立　3.5㎝角の花弁5枚を（①図）、中にキルト芯を入れて二つ折りにし綴じます（②図）。5枚の花弁を中心が五角になるよう配置し、花芯に縫いつけ（③図）、それを台布の上に置き丸く縫って縮めます（④図）。つぎに5㎝角を逆五角形、6.5㎝角をその逆と順に置いて止め、最後の8㎝角は台布に合わせてはみ出た分を切り落とします（⑤図）。最後の仕立ては四枚はぎと同様にします。

ワンポイントのペンダント三種

ペンダント〈I〉
裏側
縮尺＝2分の1
5.5
刺し子をしてから二つ折りする

ペンダント〈II〉
裏側
頭の飾り

〈ペンダントII・III〉
〔材料〕①本体は下記図を参照
②ひも 並幅（37㎝）×2㎝を2本

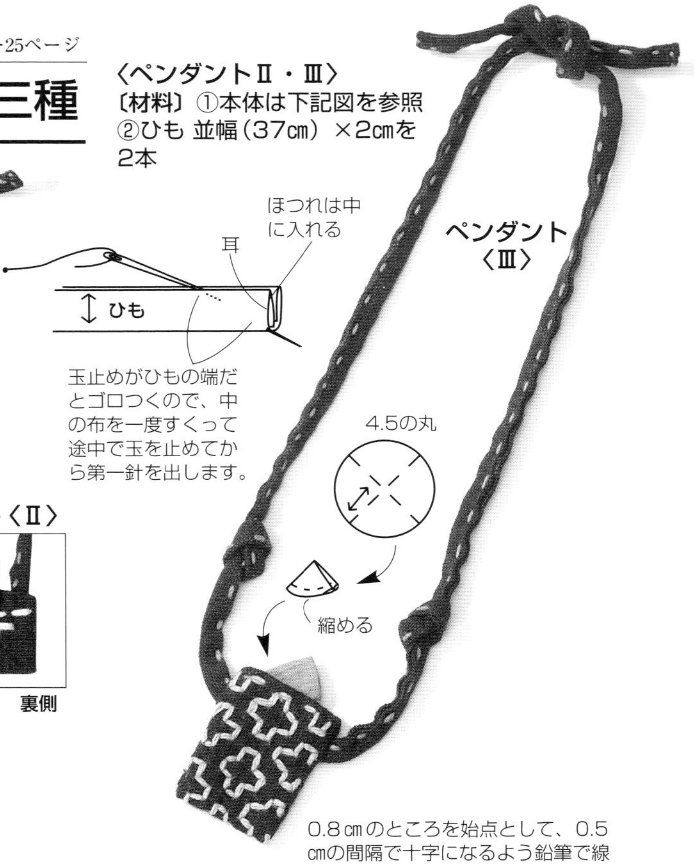
ほつれは中に入れる
耳
ひも
玉止めがひもの端だとゴロつくので、中の布を一度すくって途中で玉を止めてから第一針を出します。
ペンダント〈III〉
4.5の丸
縮める

〈ペンダントI〉
〔材料〕①本体は下記図を参照
②ひも バイアス（64㎝）×2㎝

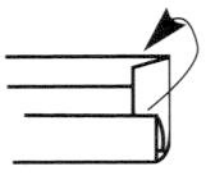
バイアスに取ったひもの先は図のように折り返しもう一方に差し込んで始末しておきます。

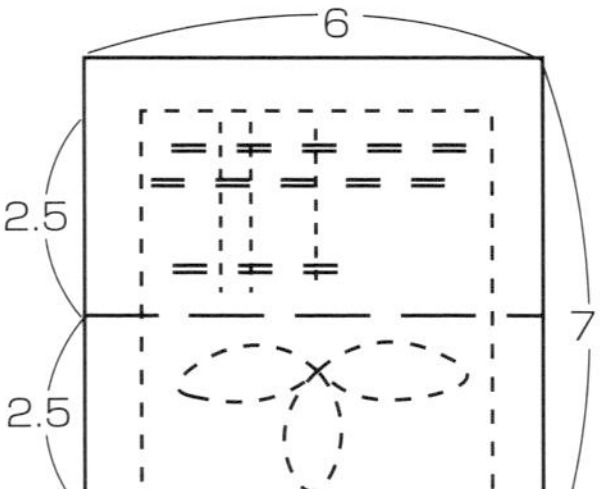
6
2.5
2.5
7
4.5

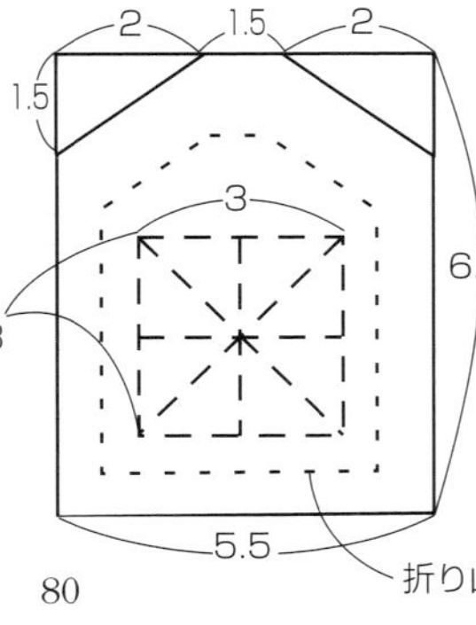
2
1.5
2
1.5
3
3
6.5
5.5
折り山

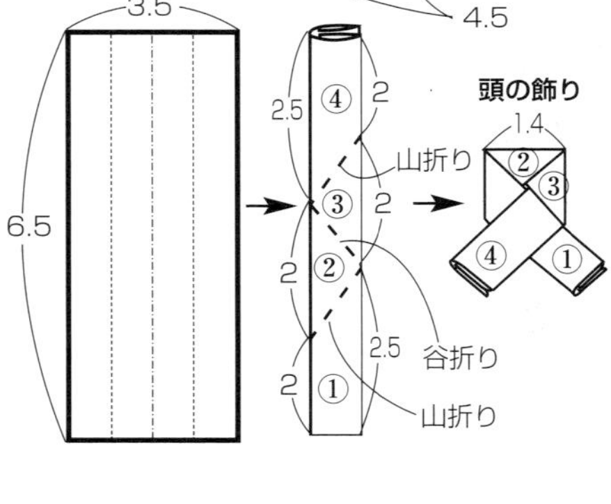
3.5
6.5
2.5
2
山折り
2
2
2.5
谷折り
2
山折り
頭の飾り
1.4

0.8㎝のところを始点として、0.5㎝の間隔で十字になるよう鉛筆で線を引き、ぐし縫いで刺し子をする。この図柄は一針刺しです。

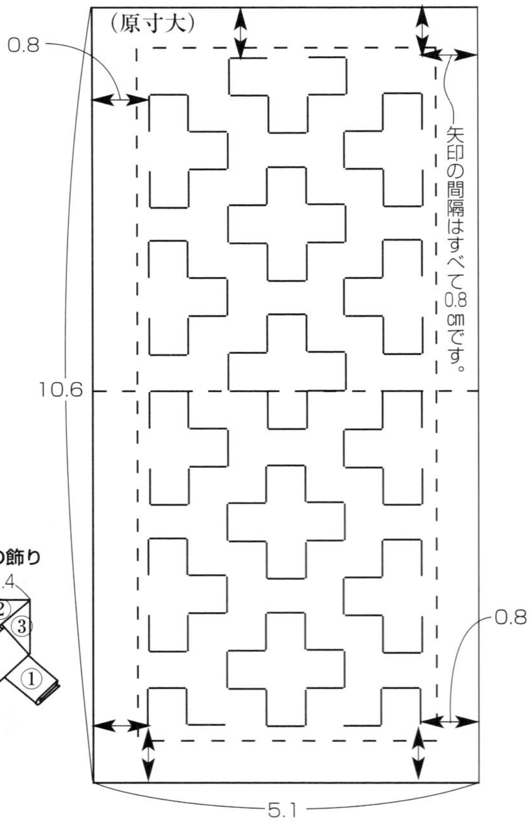
（原寸大）
0.8
矢印の間隔はすべて0.8㎝です。
10.6
0.8
5.1

縮めた布のチョーカー

〈チョーカーⅠ〉

〔材料〕①ひもの前部分 並幅（37㎝）を横布で4㎝幅1本　②ひもの後部分 並幅の1/2（18.5㎝）を横布で4㎝幅2本　③トップの飾り布（15㎝）で4㎝幅1本　④1.2㎝のくるみボタン2個　⑤くるみボタンの布(径2.4㎝×2)

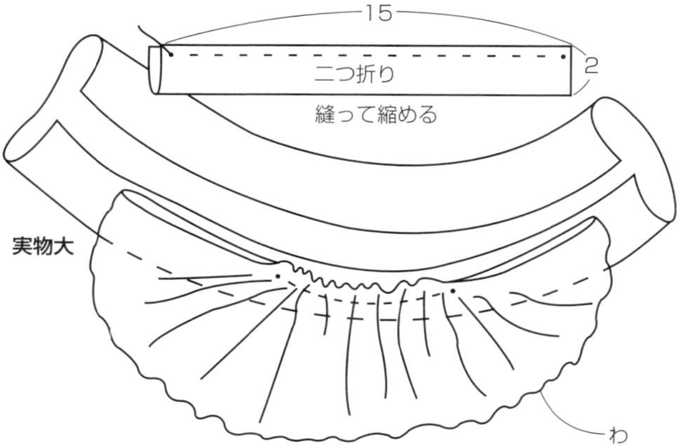
15
2
二つ折り
縫って縮める
実物大
わ

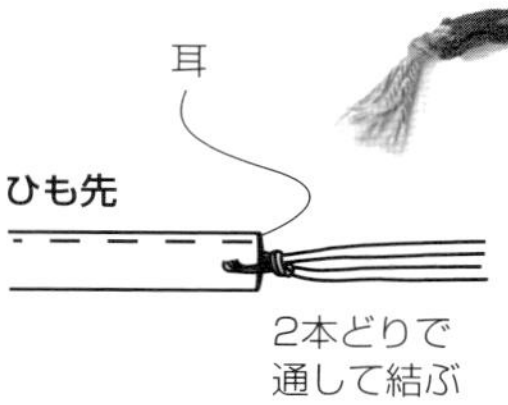
耳
ひも先
2本どりで
通して結ぶ

ボタン
径1.2㎝
①くるみボタン（2個）
②布でボタンをくるむ
③二つを合わせ綴じる
刺し子をする

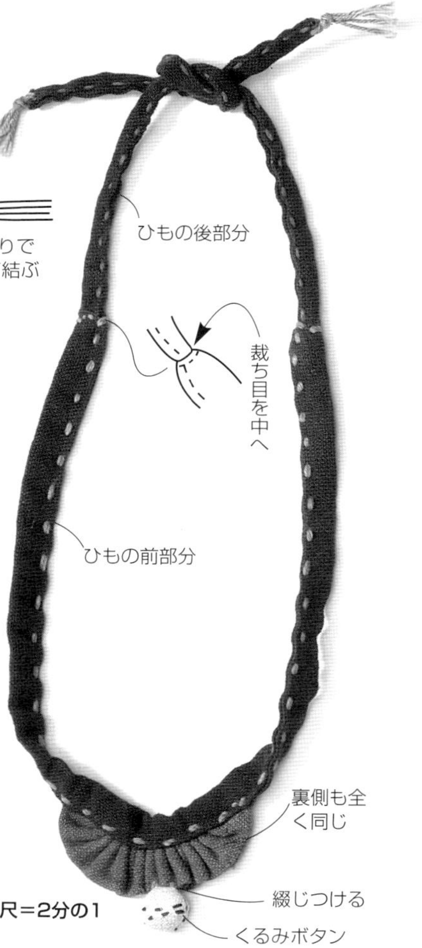
ひもの後部分
裁ち目を中へ
ひもの前部分
裏側も全く同じ
綴じつける
くるみボタン

縮尺＝2分の1

〈チョーカーⅡ〉

〔材料〕①トップ並幅（37㎝）×3㎝　②横・後ひもはのれん幅（45㎝）を横布で2㎝×2本　③5㎝丸布　④くるみボタン、トップ1.8㎝、留め用1.2㎝　⑤くるみボタンの布（径2㎝、2.4㎝、3.6㎝）

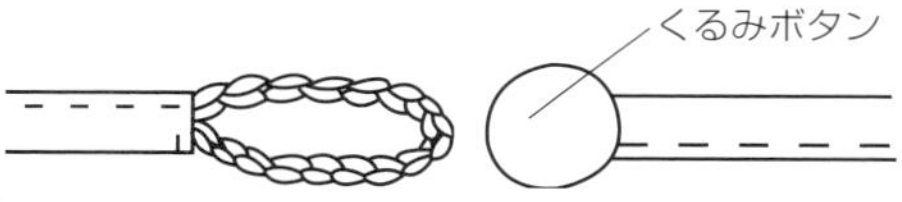
くるみボタン

刺し子糸2本どりでカギ針でくさり編みをし、今一度引き返し編みをする

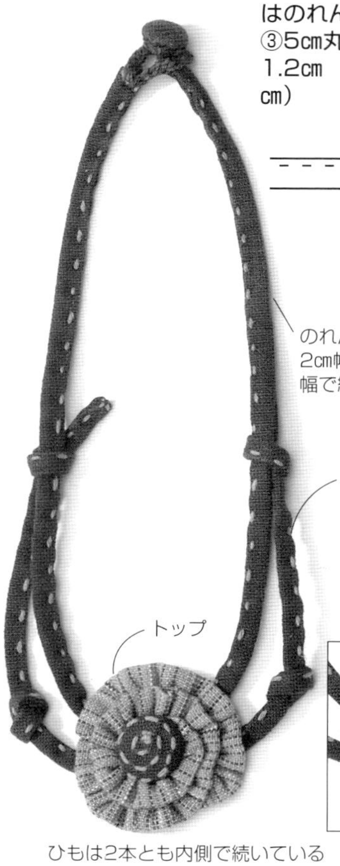
のれん幅（45㎝）の横布で2㎝幅を四つ折りして5ミリ幅で縫い、1本で一回り
のれん幅（45㎝）の横布で2㎝幅を四つ折りして5ミリ幅で縫い、1本で結んで縮まっている
トップ

ひもは2本とも内側で続いている

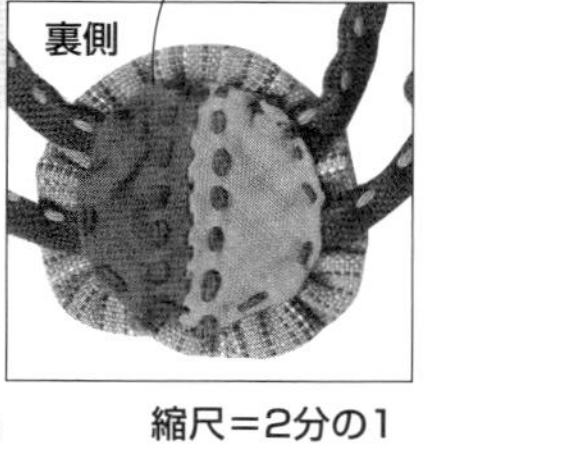
5㎝の丸布を縫い縮めてつける
裏側

縮尺＝2分の1

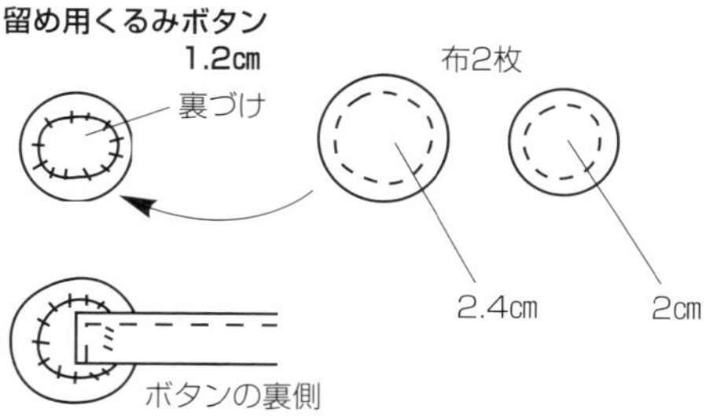
留め用くるみボタン
1.2㎝
裏づけ
布2枚
2.4㎝
2㎝
ボタンの裏側

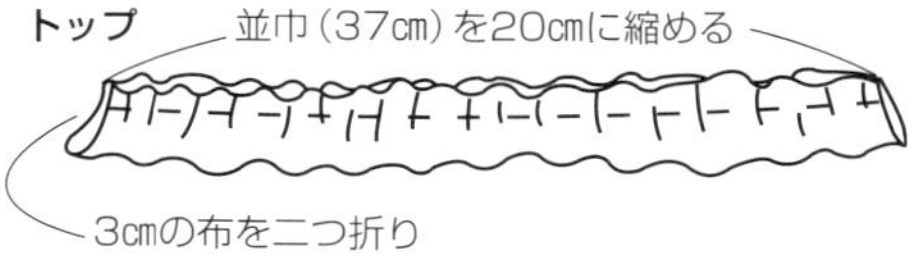
トップ
並巾（37㎝）を20㎝に縮める
3㎝の布を二つ折り

縮めたものを、右回りの渦巻き状にし、少し奥を綴じていく

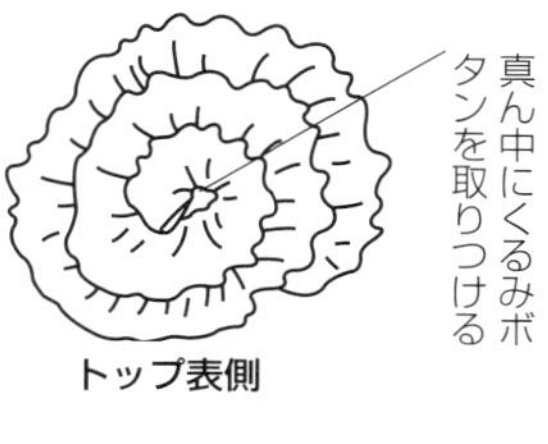
真ん中にくるみボタンを取りつける
トップ表側

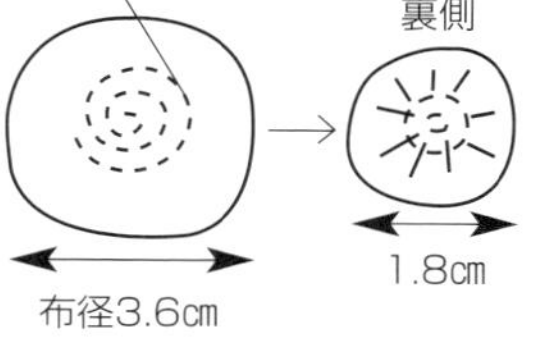
渦巻き刺し
くるみボタン
1.8㎝
裏側
布径3.6㎝
1.8㎝

口絵カラー24ページ

端ぎれをバイアスにカットして作る ネックレス三種

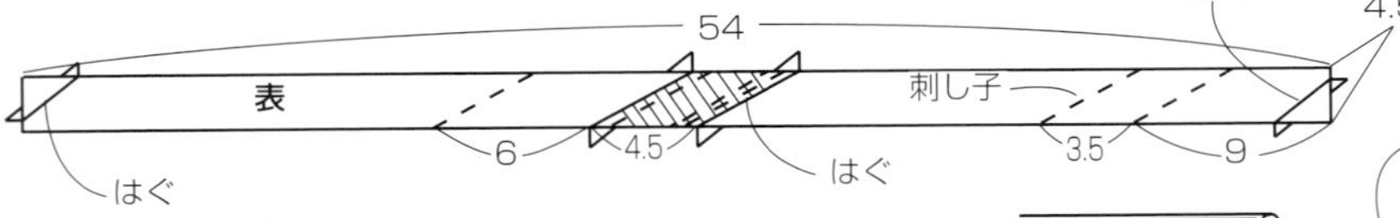

下図の通りにはがなくても、端ぎれでいろいろ工夫しましょう。

毛糸のクズ
6cm丸
本体を入れ、丸みを作って縮めてまつる

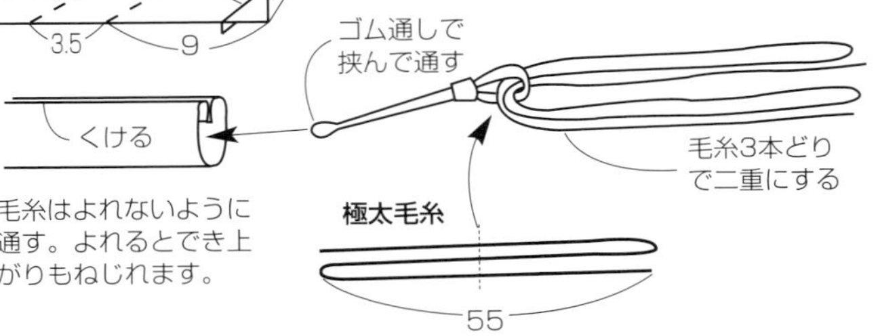

ゴム通しで挟んで通す
くける
毛糸3本どりで二重にする
極太毛糸
55

毛糸はよれないように通す。よれるとでき上がりもねじれます。

6
2
入れ込んでまつる
0.5
0.5
割る
バイアスのはぎ方
〈ネックレスⅠ〉
釈迦頭結び
〈ネックレスⅡ〉

〈ネックレスⅢ〉

このネックレスは刺し子が少し斜めになるだけですが、それでも真っ直ぐよりは柔らかい雰囲気をもっています。

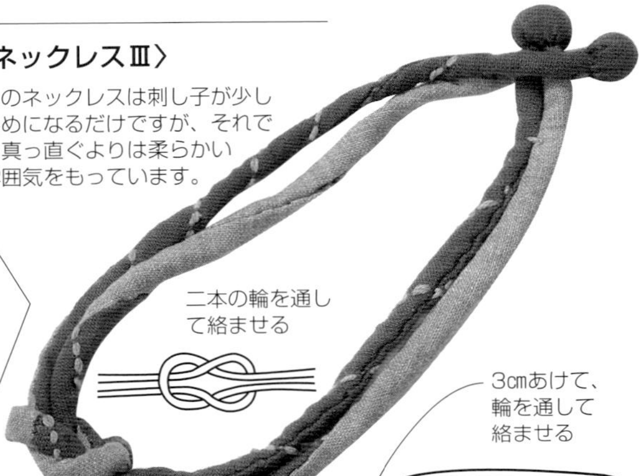

二本の輪を通して絡ませる

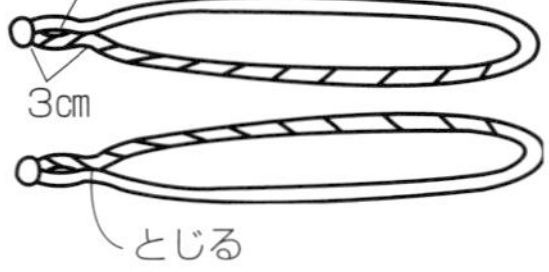

3cmあけて、輪を通して絡ませる
3cm
とじる

ひもの中の芯となる極太毛糸は、2本どりで二重です。中でよれないようにゴム通しで通します。(ネックレスⅠ参照)

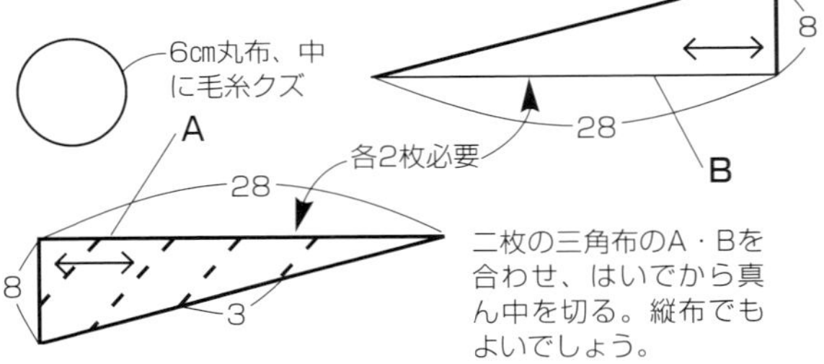

二枚の三角布のA・Bを合わせ、はいでから真ん中を切る。縦布でもよいでしょう。

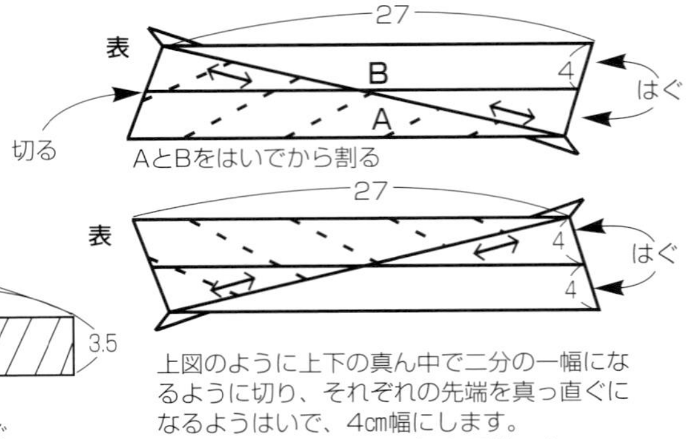

上図のように上下の真ん中で二分の一幅になるように切り、それぞれの先端を真っ直ぐになるようはいで、4cm幅にします。
仕立ては(ネックレスⅠ)と同様です。

釈迦頭の結び方(止めるコブをひもの先に作る。6号ひもを使用)

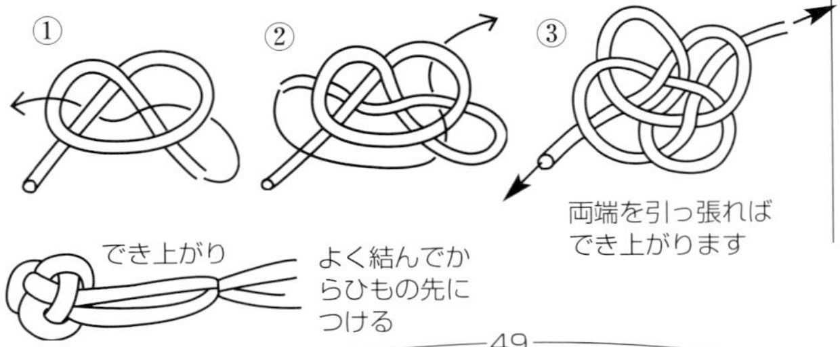

①
②
③
両端を引っ張ればでき上がります
でき上がり
よく結んでからひもの先につける

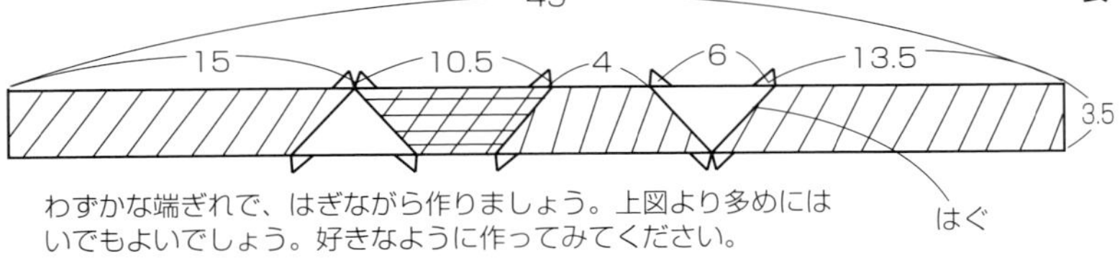

49
15
10.5
4
6
13.5
3.5
はぐ

わずかな端ぎれで、はぎながら作りましょう。上図より多めにはいでもよいでしょう。好きなように作ってみてください。

端ぎれや真っ直ぐの細ぎれで作る ネックレス二種

〈ネックレスⅠ〉

〔材料〕①外側は幅2㎝×丈106㎝
②内側は幅2㎝×丈90㎝

幅落としをしたような端ぎれを使用（縦布）。

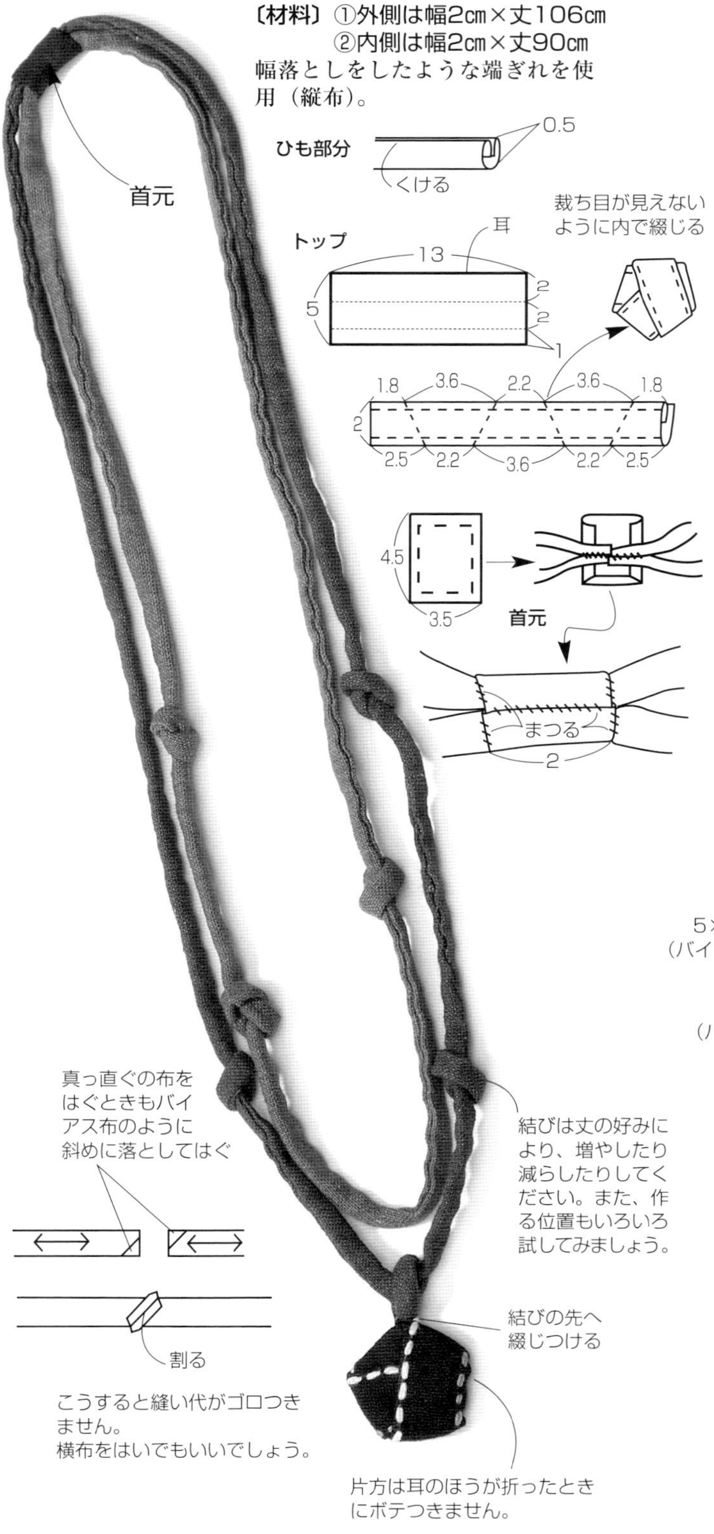
ひも部分
0.5
くける
トップ
13
耳
5
2
2
1
裁ち目が見えないように内で綴じる
1.8
3.6
2.2
3.6
1.8
2
2.5
2.2
3.6
2.2
2.5
4.5
3.5
首元
まつる
2
首元
結びは丈の好みにより、増やしたり減らしたりしてください。また、作る位置もいろいろ試してみましょう。
結びの先へ綴じつける
片方は耳のほうが折ったときにボテつきません。
真っ直ぐの布をはぐときもバイアス布のように斜めに落としてはぐ
割る

こうすると縫い代がゴロつきません。
横布をはいでもいいでしょう。

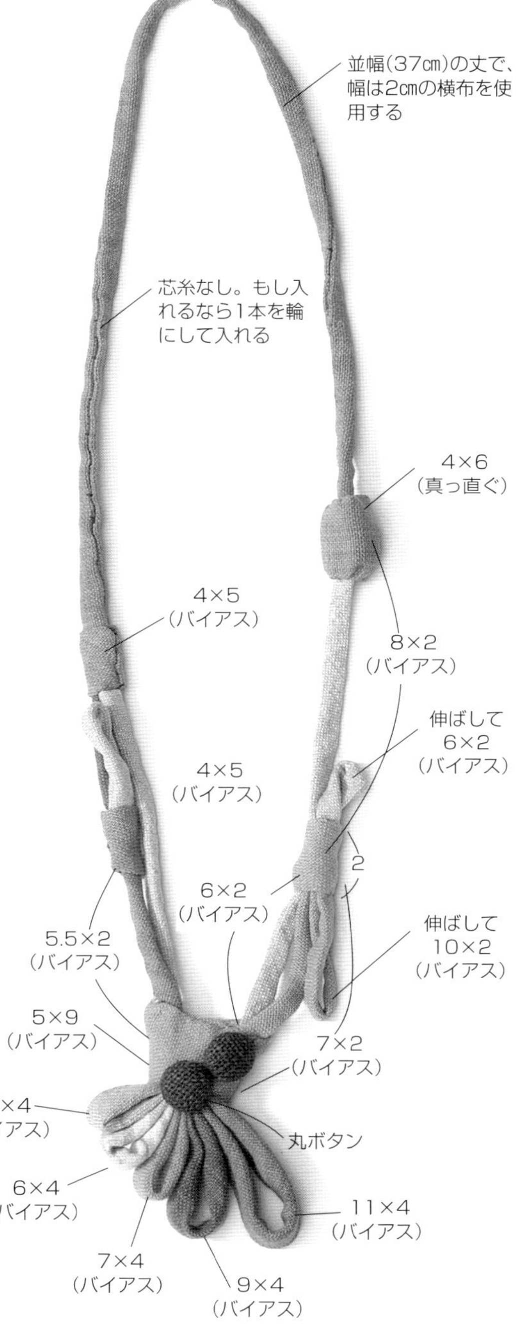
並幅(37㎝)の丈で、幅は2㎝の横布を使用する
芯糸なし。もし入れるなら1本を輪にして入れる
4×6
(真っ直ぐ)
4×5
(バイアス)
8×2
(バイアス)
伸ばして
6×2
(バイアス)
4×5
(バイアス)
2
6×2
(バイアス)
5.5×2
(バイアス)
伸ばして
10×2
(バイアス)
5×9
(バイアス)
7×2
(バイアス)
5×4
(バイアス)
丸ボタン
6×4
(バイアス)
11×4
(バイアス)
7×4
(バイアス)
9×4
(バイアス)

〈ネックレスⅡ〉

〔材料〕①並幅（37㎝）の丈で、幅は2㎝の横布

端ぎれの具合で、この写真を参考に他にも工夫してみましょう。

くるみボタン

3㎝丸布
2枚

くるみボタン1.2㎝丸を2個使用する

一重でも、裏もきれいな刺し方 あじさい刺しのマフラー

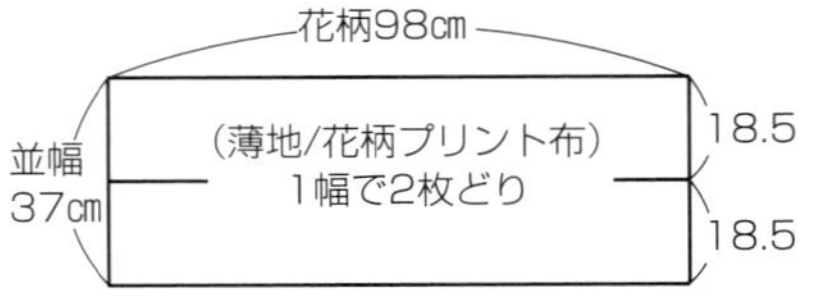
花柄98㎝
並幅37㎝
(薄地/花柄プリント布)
1幅で2枚どり
18.5
18.5

〔材料〕 並幅（37㎝）薄地、「花柄」プリント布96+2㎝（予備）
上記98㎝を縦半分にする（1幅で2枚取り）

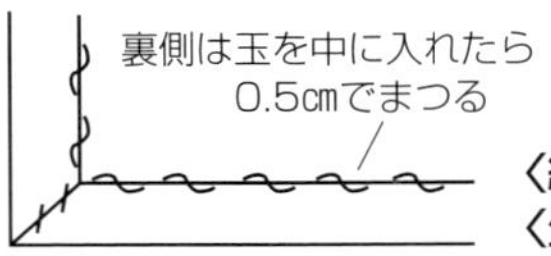
裏側は玉を中に入れたら
0.5㎝でまつる

〈縫い糸〉 市販の糸
〈生成色布の刺し子糸〉 ①大十字/薄紫2カード、花/ねずみ1カード、小十字/水浅葱1カード　②大十字/オレンジ1カード、花/黄2カード、小十字/濃緑1カード
〈薄浅葱色布の刺し子糸〉 ①生成1かせ　②大十字/オレンジ2カード、花/黄緑1カード、小十字/①と共用

あじさい刺し/表（実物大）

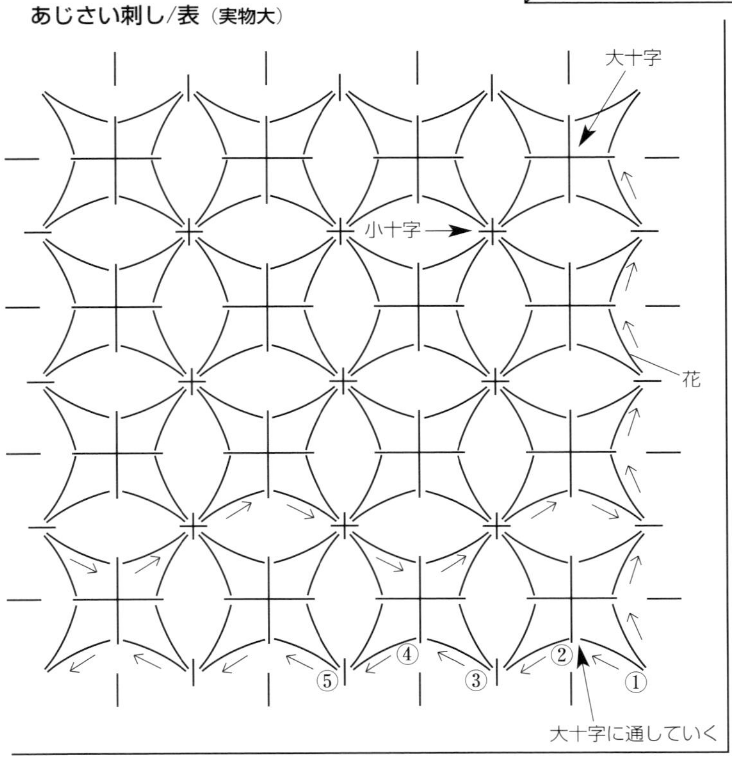
大十字
小十字
花
①
②
③
④
⑤
大十字に通していく

あじさい刺し/裏（実物大）

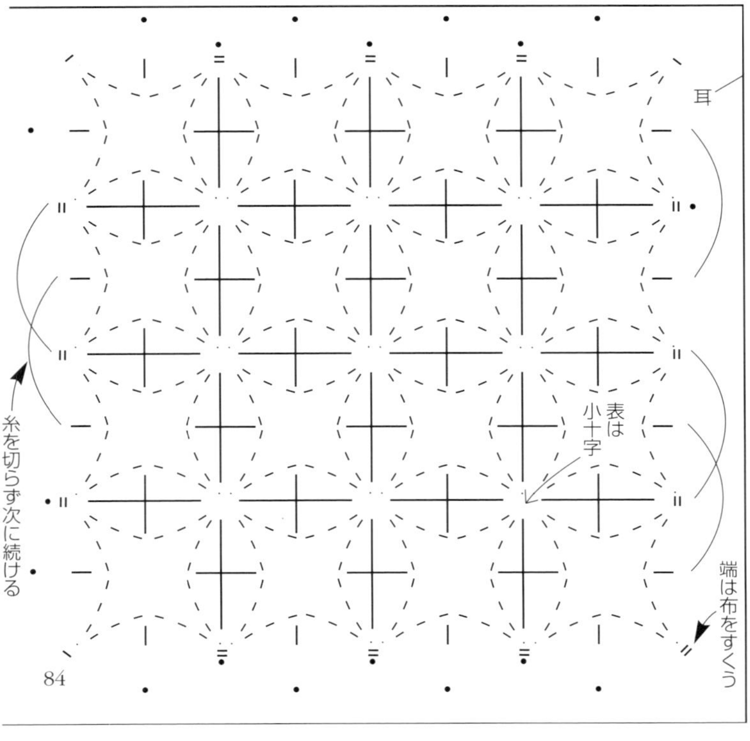
耳
表は小十字
糸を切らず次に続ける
端は布をすくう

・左の図は四方の刺し針の終わりを図示してあります。
・点線は表側の糸の渡りぐあいを図示してあります。
・実物の裏側は、+の刺し跡があるだけです。・は玉止めの印です。

完成図

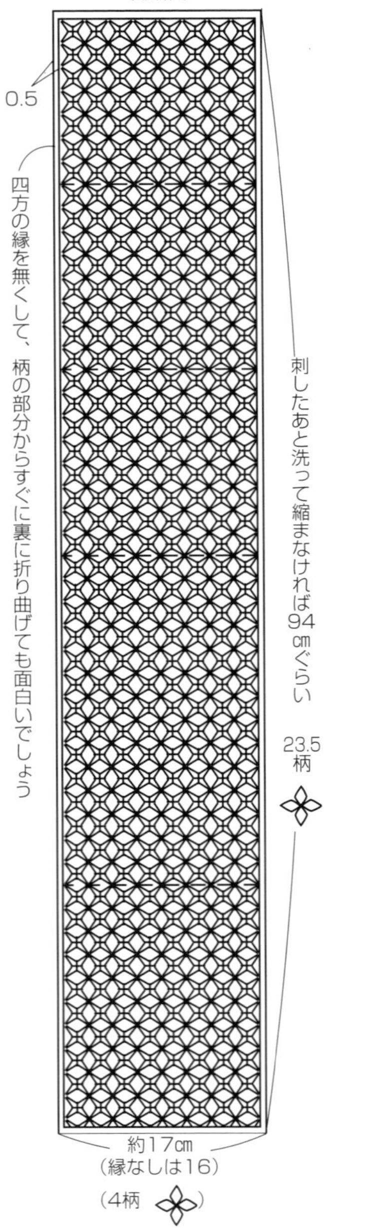
0.5
四方の縁を無くして、柄の部分からすぐに裏に折り曲げても面白いでしょう
刺したあと洗って縮まなければ94㎝ぐらい
23.5柄
約17㎝
(縁なしは16)
(4柄)

■刺し方　**A.糸の準備**／大十字用の縦糸は、始めに丈より多めに見計らった糸一本だけを「刺し試し」します。横糸はある程度の見込みで、数段分の丈を測ったうえで、正確な糸丈を決めて、その長さを同寸に切って使用します。
B.刺し順／①大十字を1.1～1.2cmの目安で、1cmよりやや大きめに刺します。この大十字を1cm以下で刺してしまうと、後のあじさいの花びらが開かず、くっついてしまいます。②大十字の右下から左横に向かって、糸を通した針の頭の方ですくいながら進みます。③横、縦に大十字を引っかけ終わったら、④小十字で中心を止めながら、縦横を刺します。

◎ポイント
・刺していくときに、上下左右の始めと終わりは引っかける糸が無いので、布を少しすくっておく。
・必要な分の糸を計り、途中で糸継ぎをして玉止めをつくらないように刺す。

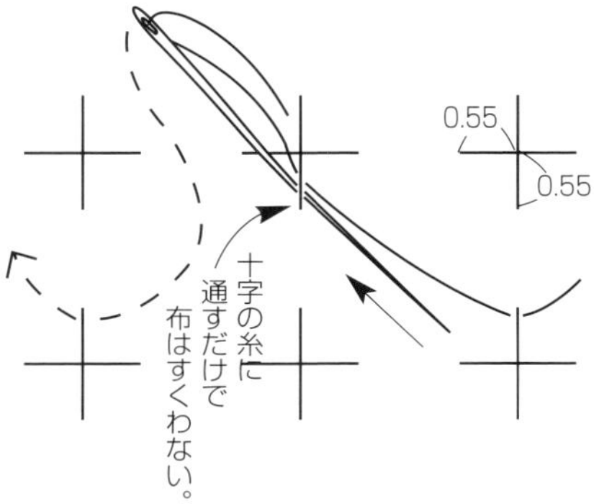

0.55
0.55
十字の糸に通すだけで布はすくわない。

あじさい刺しの刺し方図（2分の1縮尺）

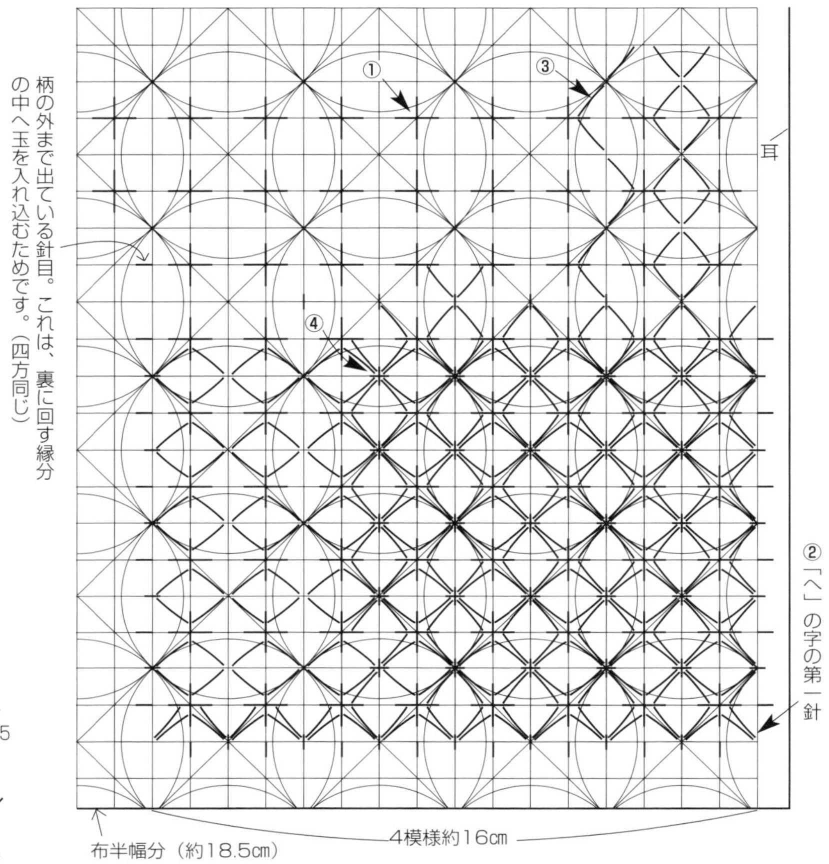

①
③
④
耳
柄の外まで出ている針目。これは、裏に回す縁分の中へ玉を入れ込むためです。（四方同じ）
②「へ」の字の第一針
布半幅分（約18.5cm）
4模様約16cm

マフラー表（実物大写真）

マフラー裏（実物大写真）

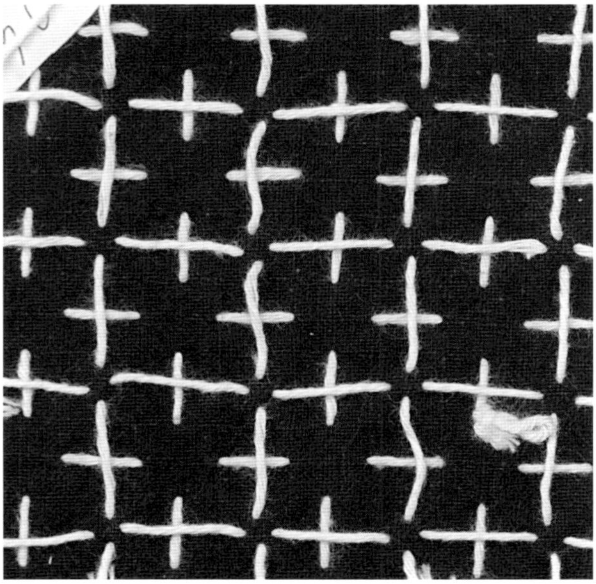

このあじさい刺しは、名称・デザインとも銀座亜紀枝が考案し、S54年講談社「裂の手芸」に初めて発表。

洗えば消える プリント布使用 小花刺しのショルダーバッグ

〔材料〕すべて洋服幅（32㎝）
①表地、厚地納戸色プリント「青海波斜眼」柄72㎝　②取っ手・まち、厚地納戸色で56㎝　③裏地、薄地薄浅葱色100㎝　④サラシ芯（38㎝）×47㎝　⑤大きめのホック1個　⑥くるみボタン3㎝を2個　⑦ゴム18㎝　⑧携帯袋用ひも6号 納戸色を70㎝　⑨刺し子糸/生成1かせ、赤・薄浅葱/各1カード　⑩縫い糸/納戸1カード

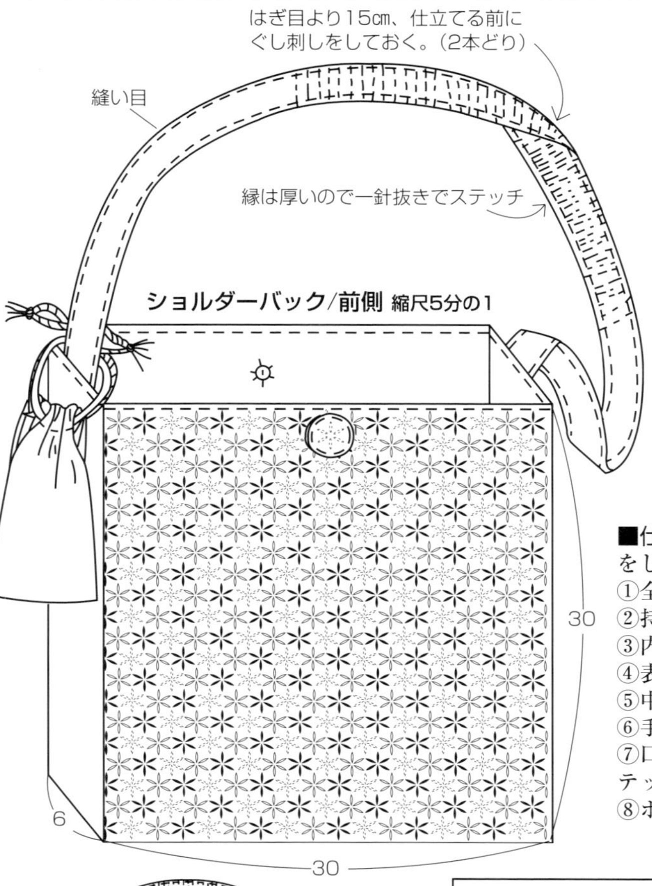

はぎ目より15㎝、仕立てる前にぐし刺しをしておく。（2本どり）
縫い目
縁は厚いので一針抜きでステッチ
ショルダーバック/前側 縮尺5分の1
30
6
30

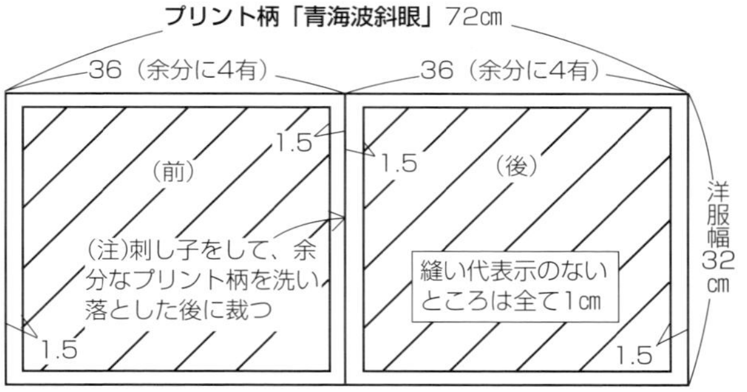

プリント柄「青海波斜眼」72㎝
36（余分に4有）
36（余分に4有）
1.5
1.5
（前）
（後）
（注）刺し子をして、余分なプリント柄を洗い落とした後に裁つ
縫い代表示のないところは全て1㎝
1.5
1.5
洋服幅32㎝

■仕立　刺し子をしてから洗い
①全部を裁つ
②持ち手を完成
③内ポケット
④表・裏のまち
⑤中を綴じる
⑥手をつける
⑦口を折ってステッチする
⑧ホック・ボタン

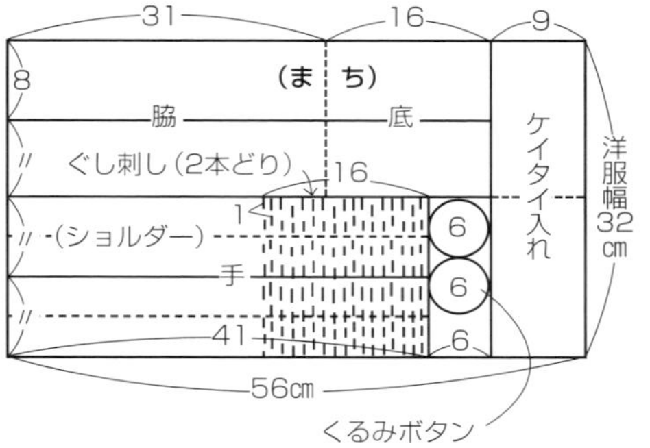

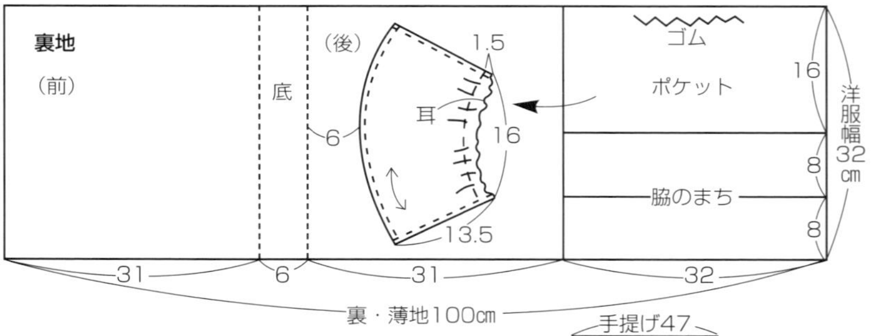

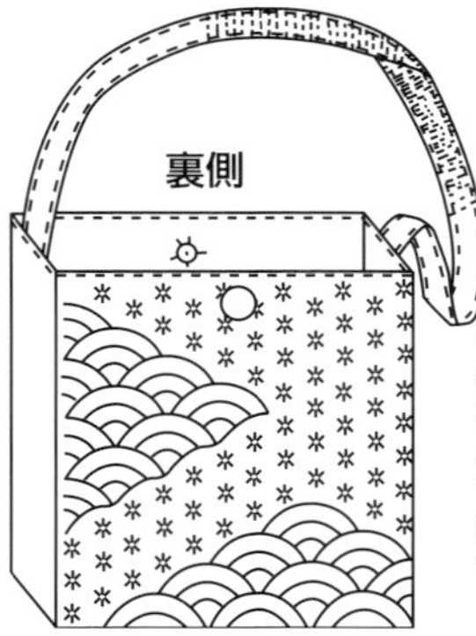

裏側

◎ポイント
・刺し子はすべて二本どり。
・色糸が足りない場合、片面を生成糸で刺す。

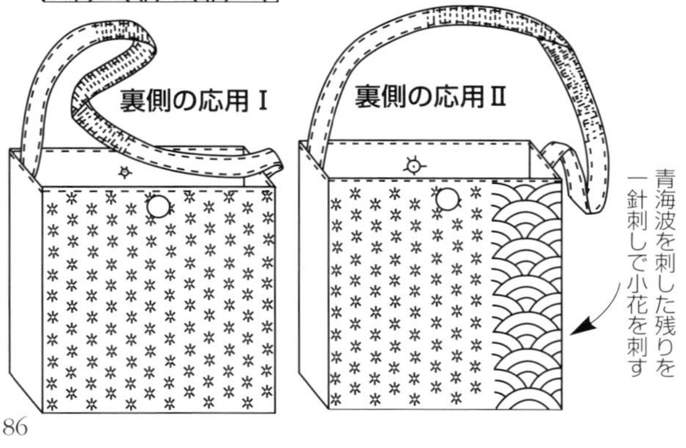

裏側の応用Ⅰ
裏側の応用Ⅱ
青海波を刺した残りを一針刺しで小花を刺す

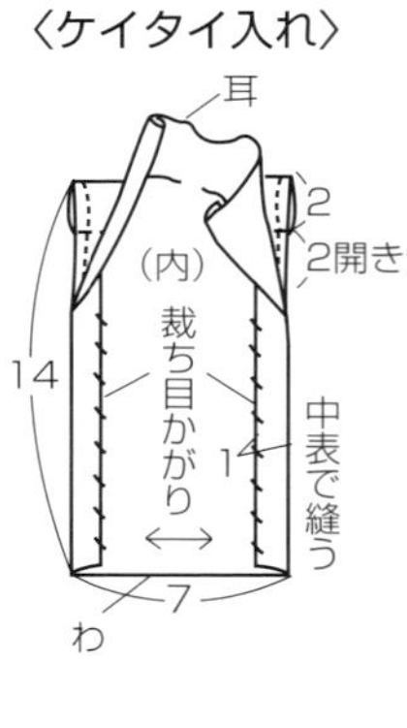

〈ケイタイ入れ〉
耳
2
2開き分
（内）
裁ち目かがり
14
1
中表で縫う
7
わ

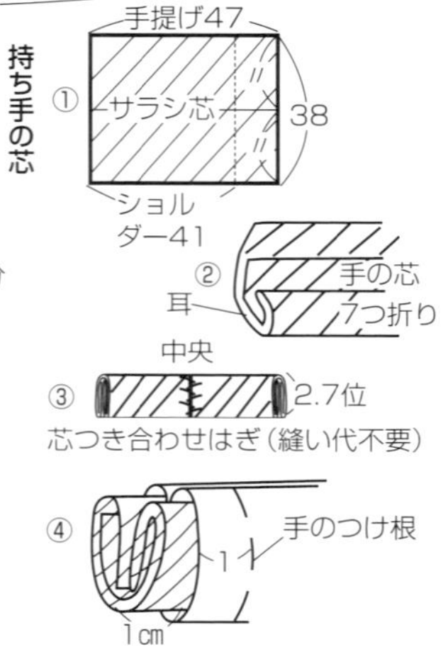

持ち手の芯
①
手提げ47
サラシ芯
38
ショルダー41
②
手の芯
7つ折り
耳
中央
③
2.7位
芯つき合わせはぎ（縫い代不要）
④
手のつけ根
1
1㎝

〈小花刺し〉

◎ポイント

・細かい総柄なので、想像以上に洗ったときの刺し縮みができる。しごきを充分にして、それでも縮むようなら、それに合わせて裏づけをする。

〈くるみボタン〉

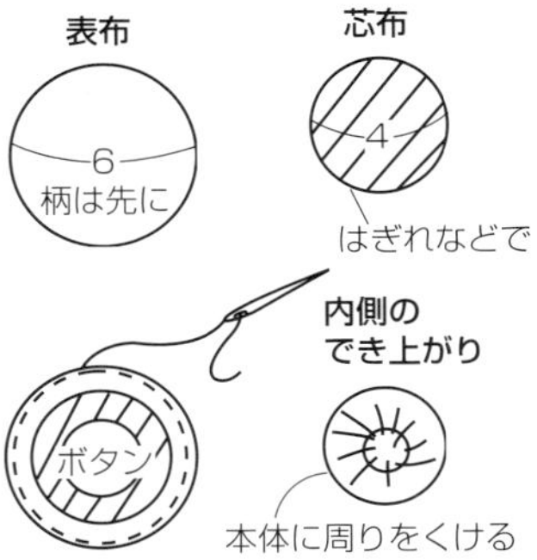

表布
6
柄は先に
芯布
4
はぎれなどで
内側のでき上がり
ボタン
本体に周りをくける

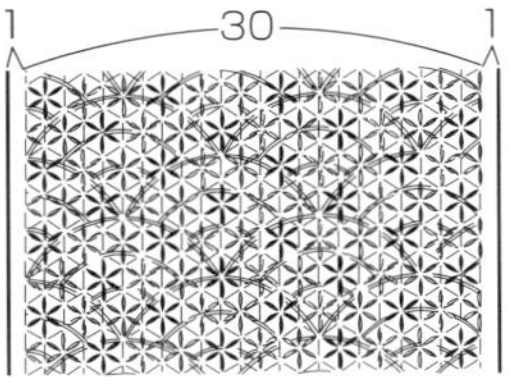

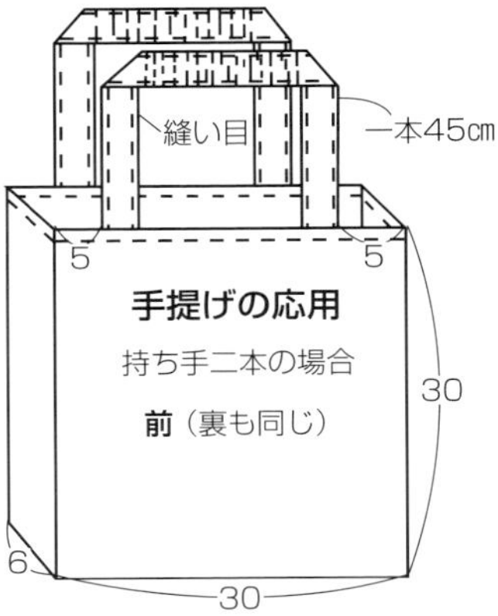

縫い目
一本45cm
5
5
手提げの応用
持ち手二本の場合
前（裏も同じ）
30
6
30

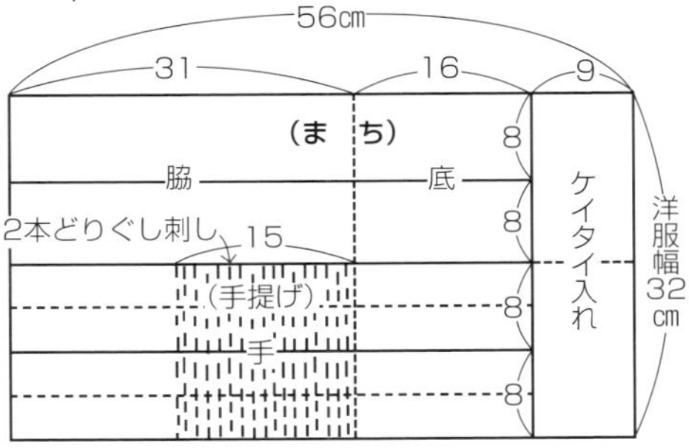

56cm
31
16
9
（まち）
脇
底
8
8
8
8
ケイタイ入れ
2本どりぐし刺し
15
（手提げ）
手
洋服幅32cm

■刺し方　全て2本どりです。①縦刺しは三列ごとに同色で刺します。②つぎに右斜め刺しをし、③最後に左斜め刺しをします。

◎柄幅を30cmにするため、普通の三角グラフより2%縮小になっています。**縮尺2分の1**

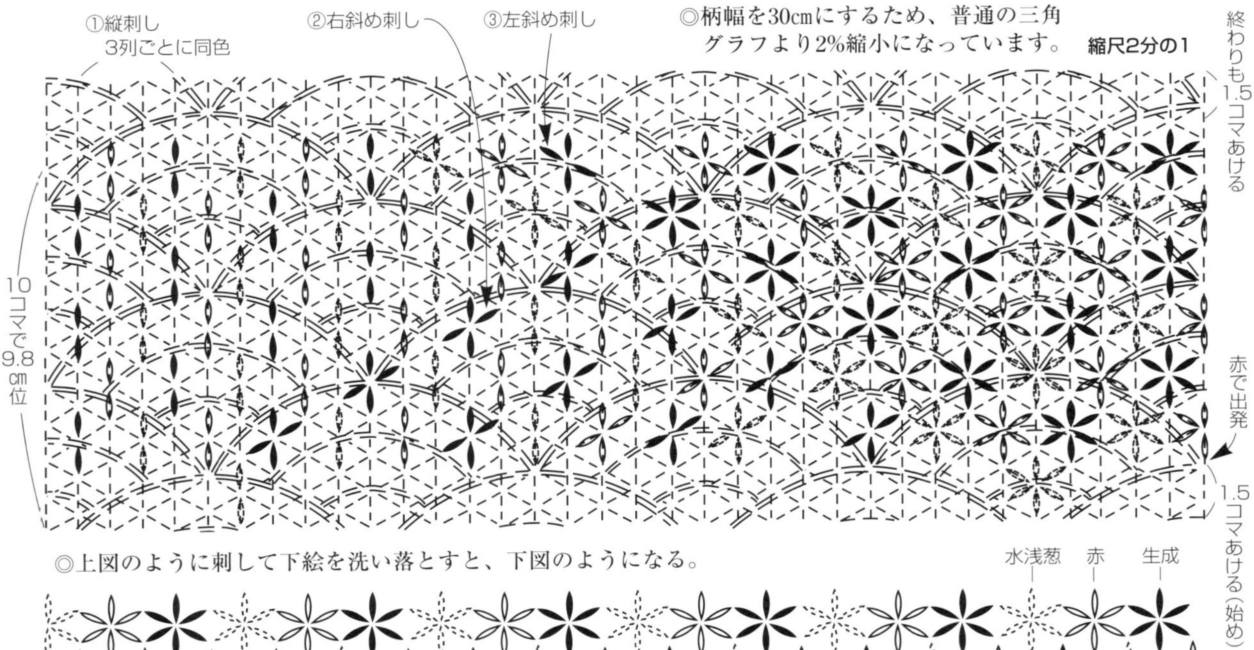

①縦刺し
3列ごとに同色
②右斜め刺し
③左斜め刺し
終わりも1.5コマあける
10コマで9.8cm位
赤で出発
1.5コマあける（始め）

◎上図のように刺して下絵を洗い落とすと、下図のようになる。

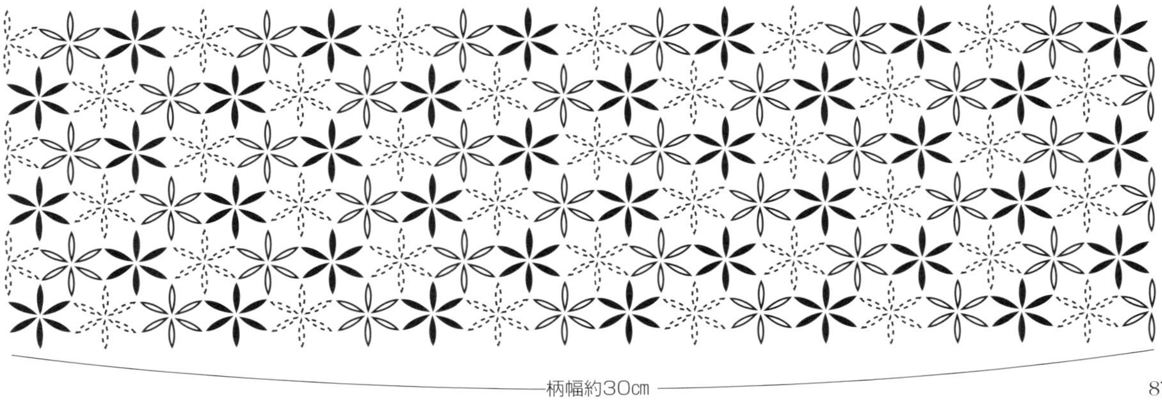

水浅葱
赤
生成
柄幅約30cm

鳳凰(ほうおう)の暖簾(のれん)

〈中縁二色仕立〉
〔材料〕ヤール幅（98cm、並厚地）で
①紺（75cm）
②縞（65cm）
〈縫い糸〉 紺1カード
〈刺し子糸〉 生成1かせ、赤、黄、水浅葱、紫各1カード

■刺し方　下図の拡大した柄を、中央より９cmの縁布を残し、標をつけて刺す。

■仕立て方　①縞と無地の上下を2cmではいで、3つ折りしてステッチする。②裾を始末する。③中央を4cm裏に返して1cm折り、表側から3cm幅でステッチする。（地色より目立つ色でステッチしたい場合、中央の柄の部分はまつりにする）④両わきの耳を1cm折ってステッチする。⑤最後に竹通し口をつける。

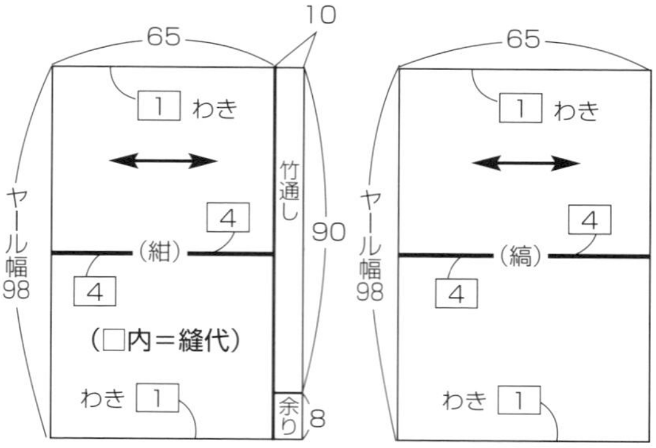

〈針目〉実物大

波・生成
鳳凰の羽根の外・水浅葱
鳳凰の羽根の中・水浅葱
鳳凰の羽うろこ・赤

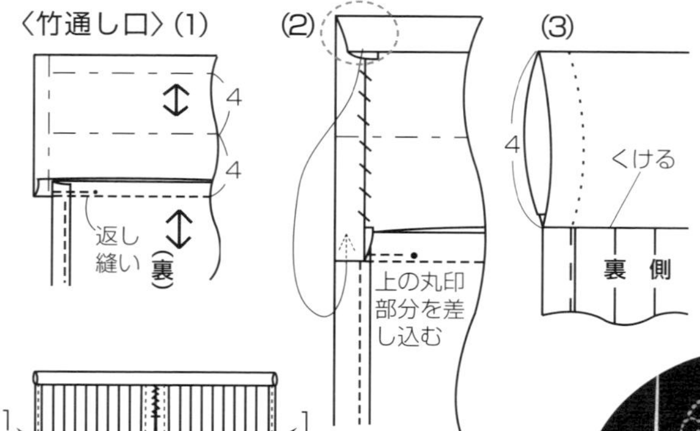

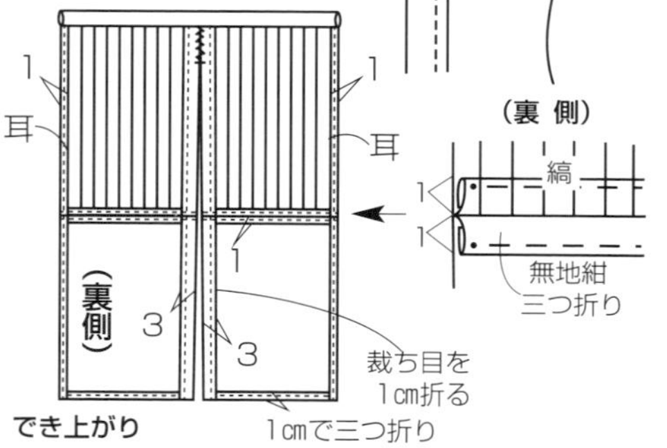

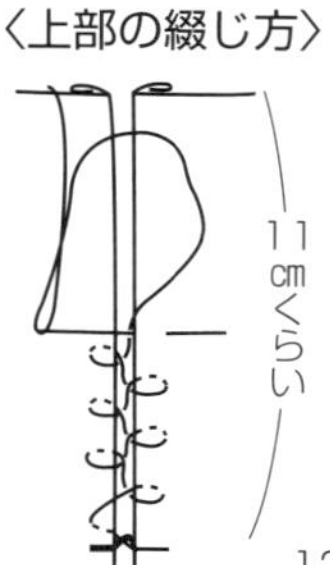

(鳳凰部分)

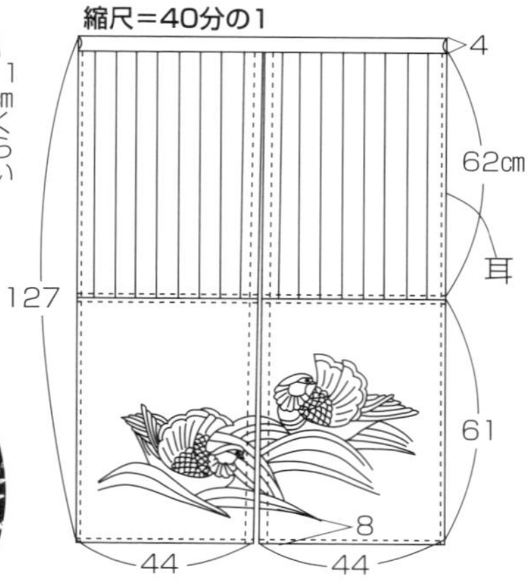

できあがり

■鳳凰拡大の仕方
①下図をコピーして切り取り、Ｂ４用紙で350%拡大した後に、
②点線で３つに分け、それぞれをＡ３用紙で220%拡大する。

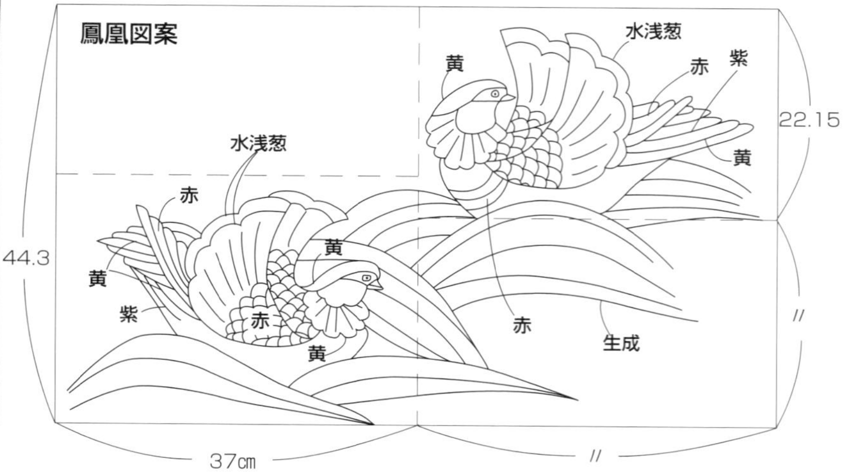

方眼紙・斜眼紙を使った**製図の方法**

ここでは、口絵30〜31ページの作品を参考に、図案を製図する方法を解説します。方眼・斜眼紙ともに市販のものを使用してください。

製図法1/斜眼紙使用

［麻の葉］

この麻の葉の図は同時に1辺が5cmの亀甲型も含んでいます。

製図順　グラフ用紙の目をひろって‥‥
①縦線を引く
②右斜め線
③左斜め線（これで正三角形）
④横の飛び線（三角の中心まで）
⑤右急傾斜飛び線
⑥左急傾斜飛び線

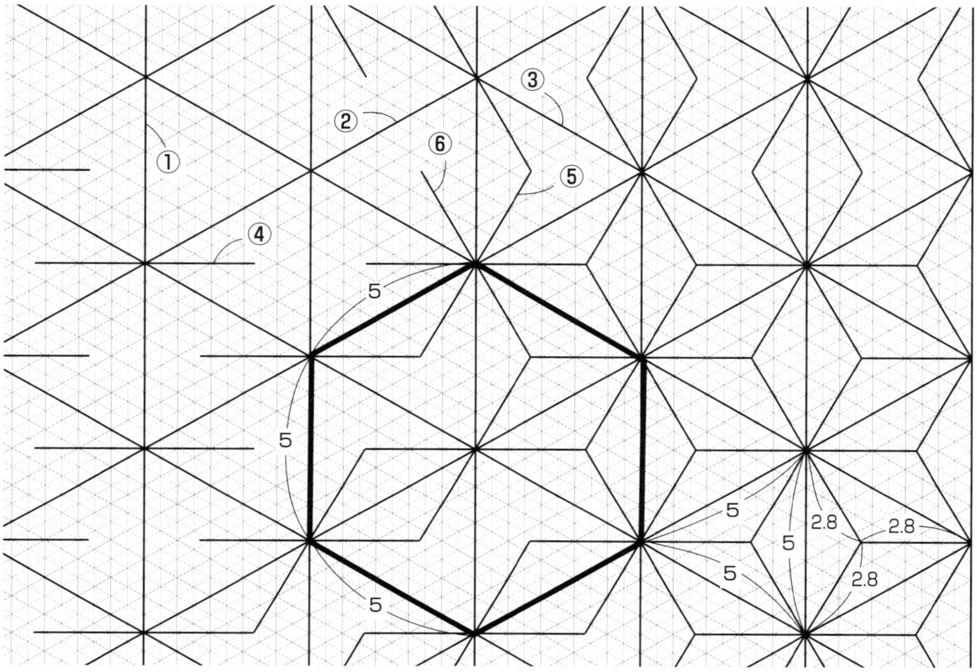

製図法2/斜眼紙使用

［毘沙門亀甲］二種

①は向かい合わせの2柄単位でジグザグ模様に横方向に連続。
②1柄単位で右斜め、あるいは左斜めに連続模様。
③互い違いの横1柄単位で、構成に安定感がある。

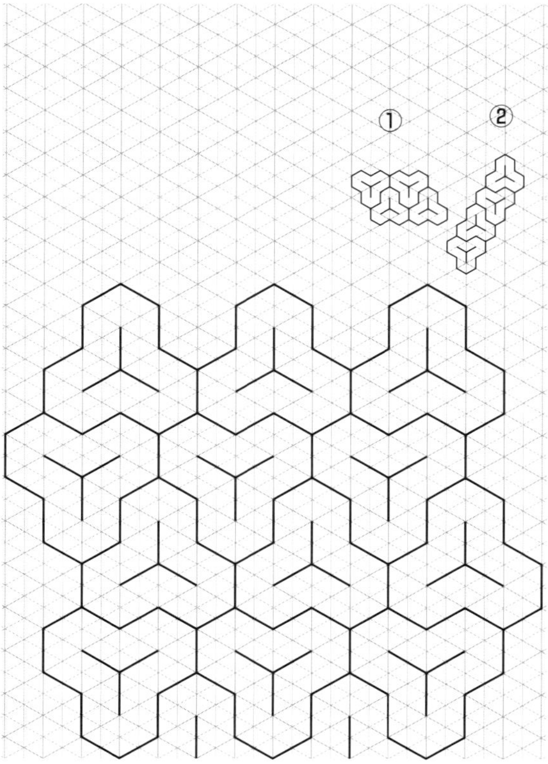

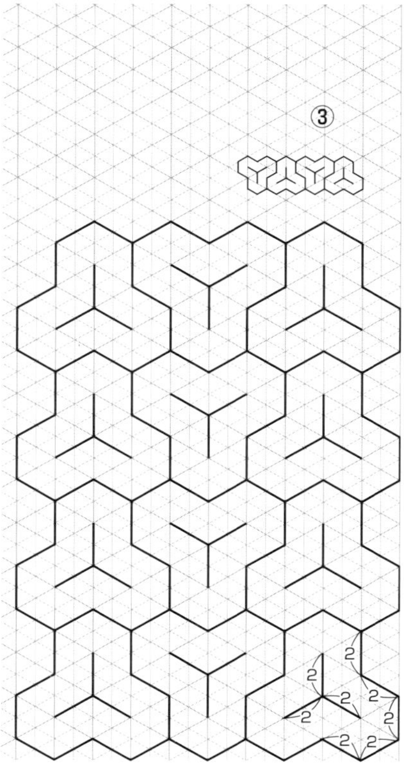

製図法3/斜眼紙使用

[かごめ]

お馴染みの模様ですが、籠の目を表現している古来よりの伝統模様の一つです。
この柄は用紙を縦にして見ます。柄つけの際は、用紙を縦にして使用します。

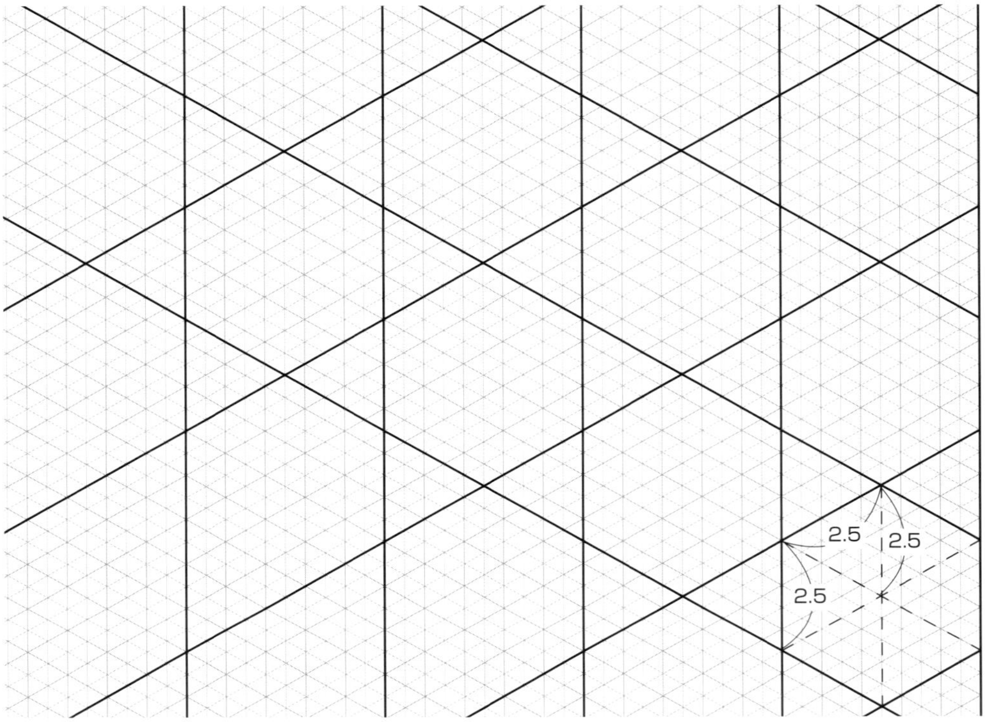

製図法4/斜眼紙使用

[紗綾形](さやがた)

2cmの長さで屈折させて卍を作りながら、それを一気に14cmまで引き、全体の構図をまとめます。
ここにも先人の素晴らしい智恵が働いています。

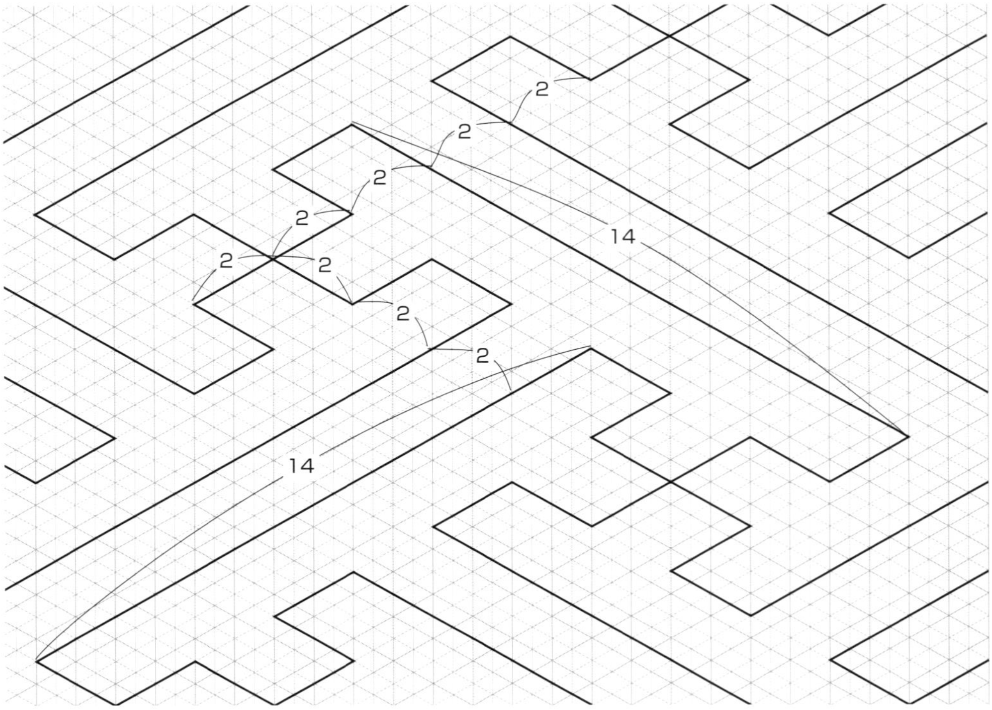

製図法5/斜眼紙使用
[松皮菱]（まつかわひし）

一見難しそうなこの柄も、斜眼紙があれば簡単に作れます。

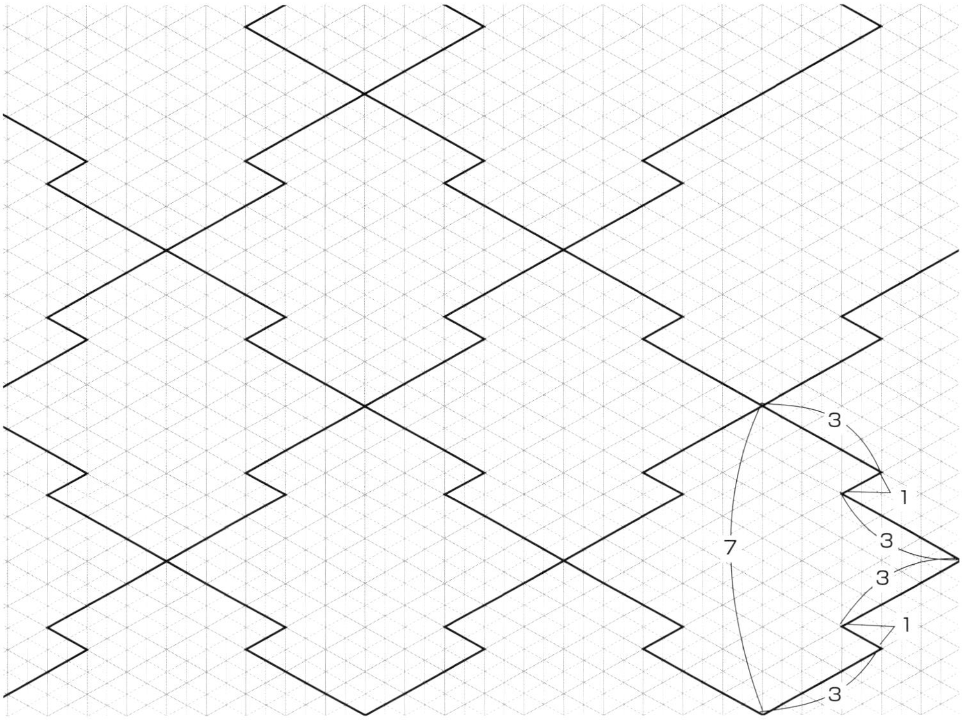

製図法6/方眼紙使用
[立湧]（たてわく）

4㎝角の四隅に接して、半径2.8㎝の円をコンパスで図のように描きます。一見難しそうですが、4㎝の碁盤の目でできているのが理解できれば、後は楽に製図できます。

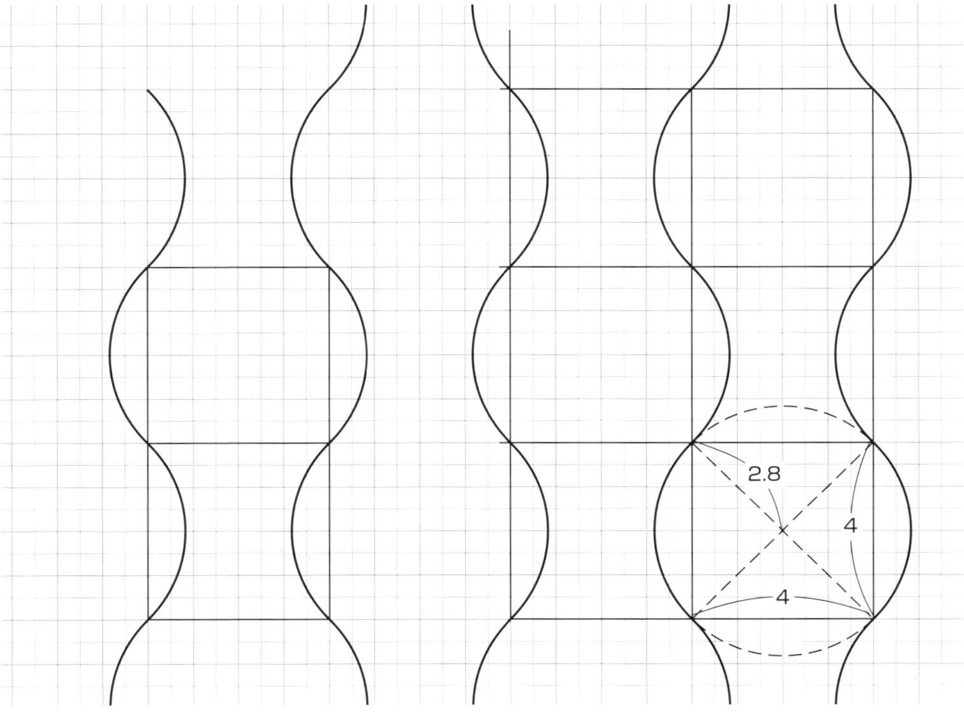

製図法7/方眼紙使用
[あみ]

これも解説してみると、2cmの碁盤の目からコンパスを使ってできます。半径2cmの円で構成されていることがよくわかります。

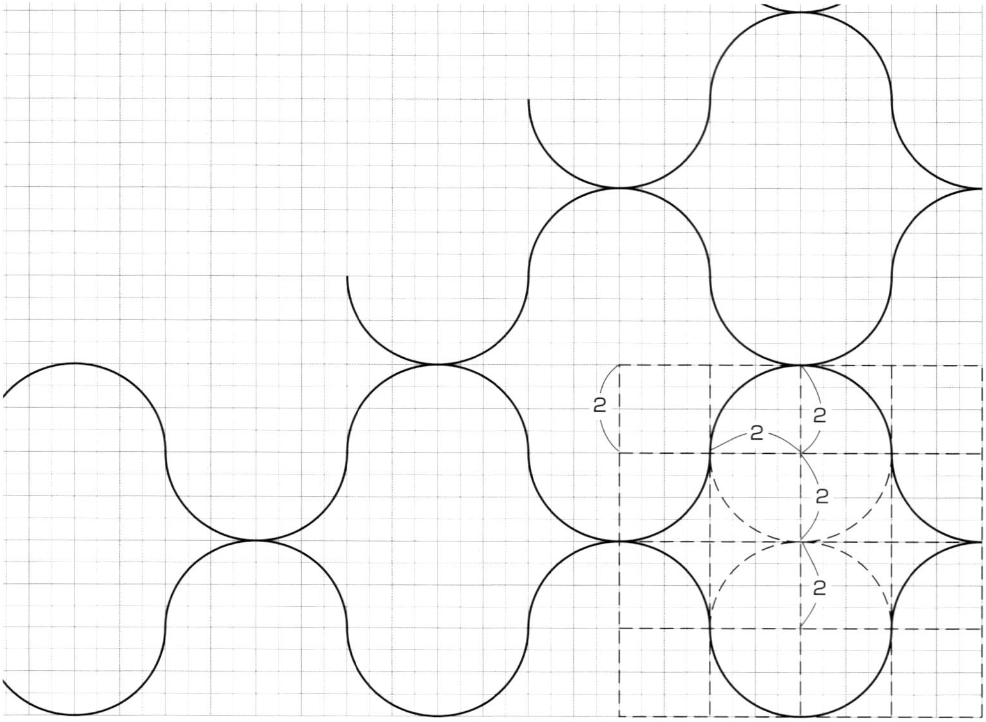

製図法8/方眼紙使用
[分銅]（ふんどう）

4cmの碁盤の目に、半径4cmの円を4分の1引いていくとでき上がります。「分銅」とは、昔はかりで重さを量るときに使ったおもりのことです。

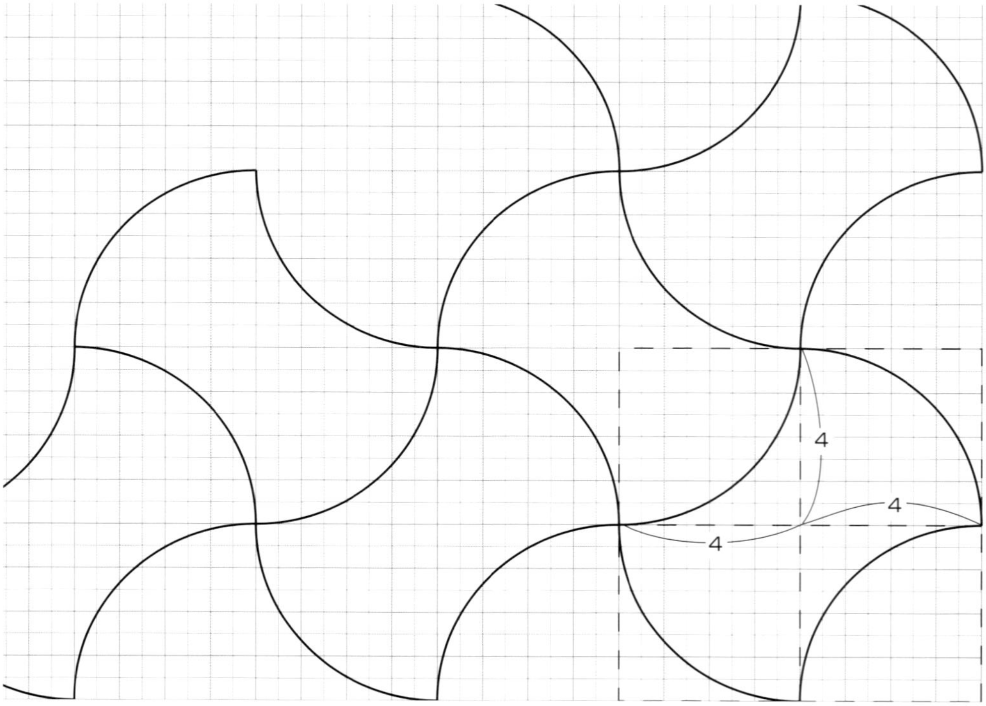

製図法9/方眼紙使用
[青海波](せいかいは)

皆さんお馴染みの青海波です。3.5cmの碁盤の目に半径3.5cmの半円を、コンパスで描いていきます。
内側の円の取り方で、いろいろな柄が生まれます。

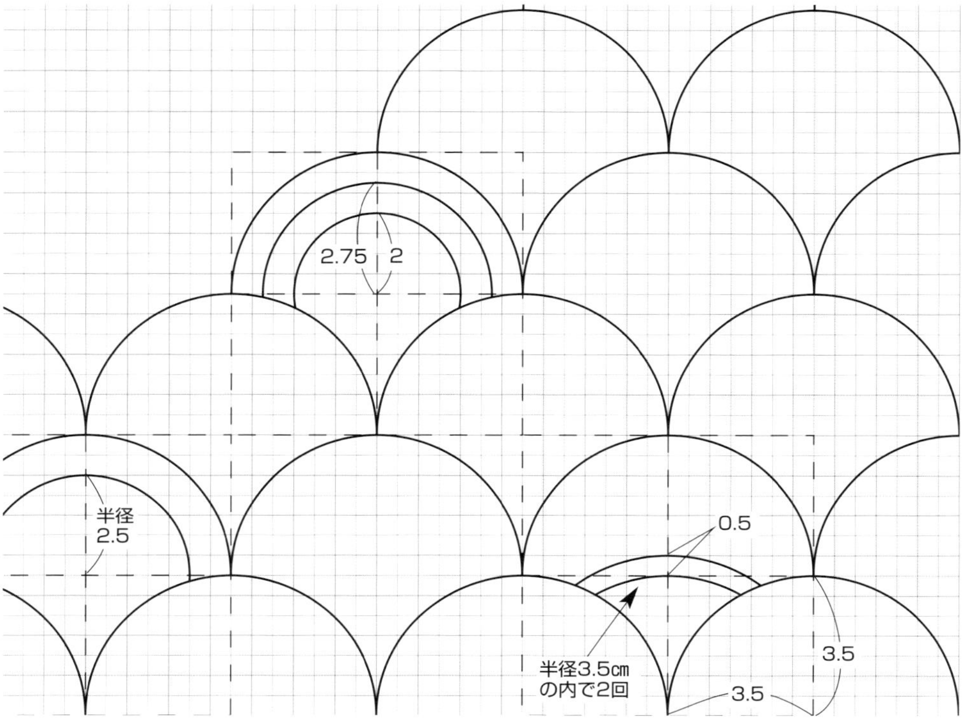
2.75
2
半径
2.5
0.5
半径3.5cm
の内で2回
3.5
3.5

製図法10/方眼紙使用
[七宝](しっぽう)

3.5cmの碁盤の目に、コンパスで半径3.5cmの円を描いていくと、こんな素敵な柄になります。
これも昔からある有名な柄の一つでしょう。

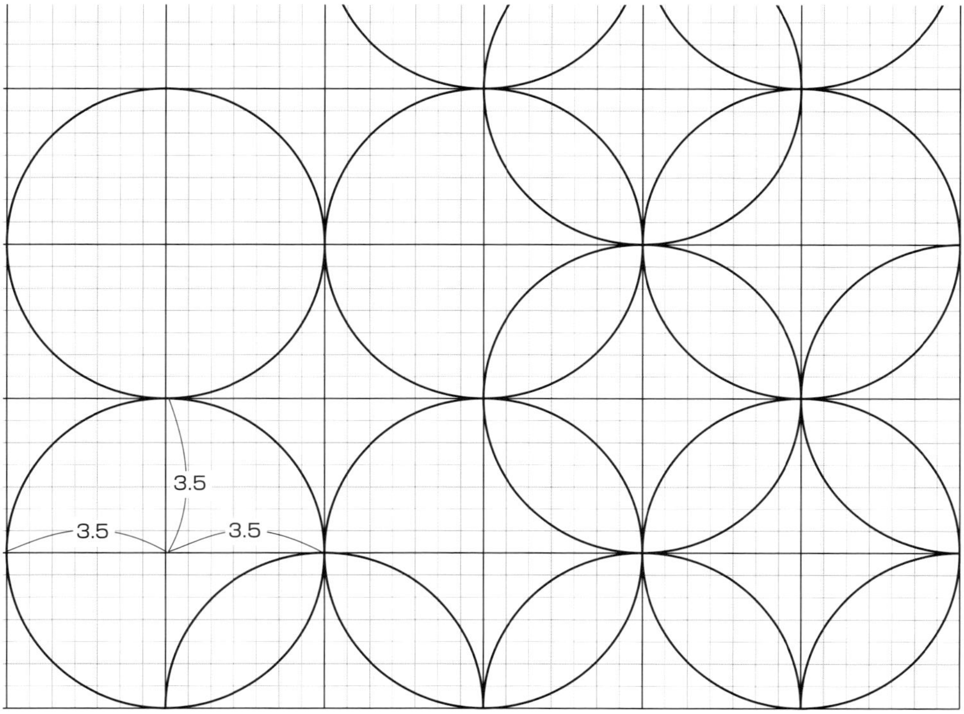
3.5
3.5
3.5

私と刺し子

刺し子を手がけてから、もう三十年を越えました。手先のことや藍染が好きではありましたが、この道にとことんはまってしまうとは、若い時には全く予期しない人生でした。

私が三十九才の時、夫は私と別れ二人の子供をつれて女子大生と再婚したのです。私はひとりぼっちになり“むぎめし茶屋”のおかみをしながら自由律の俳句にのめり込んだのです。数年のうちに句集を三冊出しました。二十五歳のころ、四国八十八カ所を全行程徒歩で無銭行脚し、そのおりの句などのせいもあって、一冊目から“女山頭火”ということになり、しきりと当時のテレビや雑誌などに取り上げられました。いまでいう独身貴族で、優雅（？）な暮らしをしていました。それも束の間で、四、五年経ったころ、先夫がまた離婚してしまい、子供二人を引きとって全生計を立てねばならないことになったのです。

それまで、同じ店に並べてもう一つ“もめんの店”という看板をかけていましたが、着物幅の布で作った洋服が当時ではめずらしくお客さんが遠くから来ては一度に二、三着も買っていかれるのです。それではと、焦点をしぼって、当時ほとんど誰もやってなかった“刺し子”にして、八王子大丸のギャラリーで個展をしたところ、刺し子のものは完売してしまったのです。このことで自信を得、私は子供を引きとると決めたのです。

この時期、私の人生は俳人で終わるやに見えましたが、中三（男）と小五（女）の子供が戻ったことがきっかけで、次の人生が始まりました。

刺し子とはどんな物かを知らない人も居るくらいで、そのせいもあり、個展、教室、店舗、卸売りと広げられたのです。そのどれもが珍しく、各マスコミにも紹介され、電話番号まで載せてもらえたことで、労せずして全国に広がるところとなりました。

長男の大策は高校生の時から私を支えてくれ、大学も近くの中大の夜学に行きながら、経営面にたずさわって今日に至っています。女手のみでは一店舗出すだけで精一杯だったと思いますが、これも長男のおかげです。おそまきながら、息子も四十五歳で結婚もし、女児も得ました。奇しくも私と同じ一月二十五日生まれです。

刺し子にかかわるには材料が要る、しかし思うような布は全国を探しても集まらない、ということになったとき、これは自ら作るしかないと心に決めました。始めは自宅の台所で染めて売ったりしていましたが、次第に業者へ注文するようになり、今では草木染・本藍染の木綿で布や糸を作っています。布地では薄地・厚地・並厚地・極厚地、幅は洋服幅（32cm）並幅（37cm）のれん幅（45cm）ヤール幅（98cm）広幅

刺子館正面　奥多摩の自然に囲まれ、目の前には清らかな清流がながれ、自然環境豊かなところ。

三度目を
作り替えて今日のお出かけ着

窓開けて 植えた木たちに
おはよう

いのちいただく
素手の草を引く

ここに野菊
あそこにも野菊

すすき　すすき
天高く

自由律俳句　著者近年作

(117cm) が揃っており、色数も並幅では二十色ぐらいになりました。それにつれて刺す糸も沢山増え、自分の店や教室ではさばききれず、今では卸で全国へ広がっています。

八王子駅そばのマンションから東京都下の檜原村（ひのはらむら）へ移ってもう十四年経ちました。百二十坪にも及ぶ新潟の古民家を移築したのです。山を崩して三百六十坪の土地を造成し、半分はかやぶきの平屋だったその民家を、屋根裏が広く高いのを惜しんで部屋の増築を重ね、数えたら四十部屋ほどある延二百坪余の家になりました。自宅、会社、倉庫で存分にとっても余るため、建築途上で刺子館という刺し子の展示館を開く計画をしたのです。元来向こう見ずな気性の私は、取れるだけ床を広げて部屋にしたため、気がついたら多額の借金。去年になって30年ローンのところを繰り上げ20年でやっと完済、ほっとしているところです。これで我が家は公私共に借金ゼロ、安らかな日が送れそうです。

私もこの一月で七十七才。もうそろそろ隠居に向かおうと、この五、六年、月四～五回の日帰り中心での旅を楽しんで来ました。しかし、その間も店は十三ヶ所もあったのを減らす一方、かわって教室をどんどん増やすことになり、今では二十ヶ所に近づきました。

旅行を趣味とする前は、ここ十年くらい庭作りに凝り、日本中から和物中心に植物を集め、ファイルで二千種くらいあります。土地柄にあわず大分枯れましたが、まだ１千種以上の木があります。小さい木が多いのですが、これが大きくなったらどうしようかと思っています。もう土地は目一杯ですから。

店は減らす一方でしたのに、去年の暮れ、川越に路面の第一店を出してしまいました。ここは“大正浪漫夢通り”という通りの角店です。ここにしたのは、随分ツアーの旅をして、それもそろそろ行きつくして旅はもう終わりにしようとしていたとき、たまたま行った旅先で、ここがいいとひらめいたからです。

本書口絵に掲載の写真は、スタジオ以外は全て、当刺子館の内外で撮ったものです。二百年経った江戸時代の欅造りの家で、元の持ち主は四十代まで遡って家系の分かる名家のものです。

私の「刺し子」は、全て手縫い仕立ての上、材料作り、教室など、見渡してみるとどの分野もトップをひた走っていて、しかも他の追従は難しい独自の世界を築きあげています。刺し子であれば、どの方向にも全力投球して今日に至っています。

私はまだ人生でやり残してることがあり、情熱の火はいまだ消えません。皆さまどうか暖かく見守っていてください。

本書を手にしていただき、ありがとうございます。

銀座 亜紀枝

刺子館入り口（写真左）
約二百年前の古民家を、新潟より移築。
この入り口を入ったところに、一間の欅の大戸があり、中にくぐり戸があって、そこを入ると広い土間がひらけ、手斧（ちょうな）けずりの梁がめぐらせてある。L字の大式台を上ると十八帖の大広間となり、9本の欅の大黒柱に支えられている。
その奥も六部屋が続き、江戸時代の大庄屋がまるごと移されている。

刺子館（写真右）
2、3階に刺し子が展示してあり、それらは全て茅葺きあとの屋根裏よりとった部屋である。
刺し子のドレスから小物にいたるまで、多くの刺し子作品が常時陳列されている。

銀座 亜紀枝

旧名：坂本辰子　現本名：坂本亜紀枝
昭和6年1月、愛媛県八幡浜市生まれ
女子美術大学工芸科卒業
刺し子総合（株）自然堂社長
・刺し子の材料製造、全国卸
・刺子学園（八王子）
・銀座亜紀枝「刺子の店」4店舗
・　〃　「手縫い仕立ての刺し子」教室19ヶ所
・　〃　「刺子館」館長（檜原村）
著書　マコー社「刺し子のドレスと小物」
　　　美術出版社「刺し子の技法」
　　　その他　自社版の刺子図案集30巻、刺子の本等約40冊
http://www5a.@biglobe.ne.jp/~sashiko/

製作者
（総括・製作）銀座 亜紀枝　（講　師）大塚 勢津子　木谷畑 栄子　森　静子　山口 富子　（チーフ）杢代 まさ子
（お針子）北村 みどり　山本 成子　柳沢 良子　小泉 美恵子　安藤 享子　三浦 千恵子　初見 久美子　高田 奈々子　北條 由子　山田 裕子

[銀座亜紀枝の刺子の店と展示館とお教室]

[藍染め刺子の店]

宇都宮店・東武7階呉服	電028-651-5719（呼）
川越店・連雀町16-5	電049-223-5508（直）
横浜店・松坂屋5階	電045-241-0666（直）
八尾店・西武6階	電072-992-8200（直）

[刺子館] 西多摩郡檜原村南郷6128　電042-598-6200
開館時間9:00～17:00迄　毎週水曜/第一、三、五火曜休館

[刺子学園]「手縫い仕立ての刺し子」通信講座は本校に有り

関東地区

（東京都） 八王子本校教室　旭町15-18丸信ビル503	電042-644-4238
銀座マツザカヤカトレヤレディススクール	電0120-885-204
読売日本TV文化センター錦糸町教室	電03-5625-2131
産経学園吉祥寺教室	電0422-40-2261
NHK文化センター町田教室	電042-726-0112
JEUGIAカルチャー多摩センター教室	電0120-128-450
NHK学園あきる野ルピア教室	電042-550-4777
JEUGIAカルチャー武蔵村山ミュー教室	電0120-953-030
（埼玉県） 読売日本TV文化センター大宮教室	電048-640-1110
川越教室・大正浪漫夢通り	電049-223-5508
（神奈川県） 読売日本TV文化センター横浜教室	電045-465-2010
アートカルチャー教室 松坂屋5階	電045-241-0666
（栃木県） 読売日本TV文化センター宇都宮教室	電028-636-1818

関西地区

（大阪府） 銀座亜紀枝刺子の店八尾店刺子教室	電072-992-8200
よみうり文化センター高槻教室	電072-681-8218
近鉄文化サロン枚方教室	電072-846-3738
（兵庫県） 神戸新聞文化センター新長田教室	電078-611-1118
（京都府） JEUGIAカルチャー京都四条河原町教室	電0120-975-450
（滋賀県） 滋賀リビング・カルチャー倶楽部大津教室	電077-526-2255
JEUGIAカルチャー草津教室	電0120-128-932

参考文献
「染織の美」（全20巻）京都書院／「琳派百図」平凡社／「染めと織」暁教育出版／「友禅小紋」平凡社／「日本の染織⑨」中央公論社／「藍木綿の筒描き」暮らしの手帖社／「暖簾」増田正著、グラフィック社／「日本刺繍」秋山光男著、婦人画報社／「刺し子の研究」徳永幾久著、衣生活研究所／「文様の事典」岡戸貞治編、東京堂出版／「原色染織大辞典」淡交社　他約50冊

熨斗と牡丹柄のインテリア 刺し子で遊ぶ

著　者　銀座 亜紀枝

発行者　田 波 清 治
発行所　株式会社 マコー社
〒113-0033　東京都文京区本郷4丁目13番7号
TEL 東京（03）3813-8331
FAX 東京（03）3813-8333
郵便振替　00190-9-78826
印刷所　大日本印刷株式会社

平成20年4月26日初版発行

定価はカバーに表示してあります。落丁・乱丁その他不良の品は弊社でお取替えいたします。ISBN978-4-8377-0208-5